GEDENKSTÄTTE BAUTZEN

STIFTUNG SÄCHSISCHE GEDENKSTÄTTEN

Schriftenreihe der Stiftung Sächsische Gedenkstätten
zur Erinnerung an die Opfer politischer Gewaltherrschaft
Band 17

Susanne Hattig · Silke Klewin · Jan-Henrik Peters ·
Ralf Marten · Sven Riesel · Volker Strähle

HAFT UNTERM HAKENKREUZ
BAUTZEN I UND II
1933–1945

Katalog zur Ausstellung

Herausgegeben von der
Stiftung Sächsische Gedenkstätten

Sandstein Verlag · Dresden

Inhalt

6 Einführung

1933 – 1945 Haft unterm Hakenkreuz

18 Bautzen wird nationalsozialistisch
22 Grundrechte außer Kraft
24 Die Bautzener Gefängnisse im Nationalsozialismus

1933 Strafvollzug im Nationalsozialismus

34 **Gleichschaltung im Strafvollzug**
38 Dr. Rudolf Plischke (1892 – 1945)
40 Wilhelm Otto (1885 – unbekannt)
42 Otto Lange (1894 – 1958)
44 **Ansichten Bautzen I**
50 **Verfolgung politischer Gegner**
51 Kurt Mickel (1903 – 1984)
54 Martin Neumann (1900 – 1990)
58 Alfred Gocht (1914 – unbekannt)

1934 – 1939 Ausweitung der Verfolgung

62 **Verfolgung jüdischer Bürger**
64 Walter Rosenheim (1902 – 1941)
72 **Für ihren Glauben verfolgt**
73 Fritz Gottschling (1903 – 1945)
76 **Verfolgung homosexueller Männer**
77 Peter Heinze (1902 – unbekannt)
80 **Lebenslange Haft für mehrfach Verurteilte**
82 Max Wenk (1882 – unbekannt)

1939 – 1945 Strafvollzug im Krieg

86 **Feindsender hören verboten**
88 Rudolf Hemprich (1899 – 1985)
90 **Häftlingszwangsarbeit für das Elbtalwerk Heidenau**
92 Marta Husemann, geb. Wolter (1913 – 1960)
94 **Häftlingszwangsarbeit für die Heeresmunitions-Anstalt Königswartha**
95 Gertrud Schreier, geb. Richter (1912 – 1973)

99 **Berichte von Häftlingen**
104 **Begünstigung und (Front-)bewährung von Straftätern**
105 Gerhard Heuer (1914 – 1945)
107 Alfred Mammitzsch (1910 – 1991)
110 **Ausländer im Strafvollzug**
111 Milada Marešová (1901 – 1987)
114 **Belohnung und Bestrafung im Strafvollzug**
116 Hermann Gärtner (1891 – unbekannt)

1945 Kriegsende in Bautzen

120 **Evakuierung nach Leipzig und Befreiung**
122 Karl Kruppa (1897 – 1949)
124 Alfred Clar (1882 – 1945)
127 Reidar Bodin (1922 – 1984)
130 **Kämpfe um die Gefängnisse**
132 Oskar Huste (1893 – 1980)
134 Hans Meyer-Hanno (1906 – 1945)

Ab 1945 Nachgeschichte

138 **Nicht befreit**
139 Paul Müller (1916 – unbekannt)
142 **Neuanfang im Strafvollzug**
146 Hildegard Domschke, geb. Wolf (1913 – 1985)
148 Hermann Schneider (1891 – 1972)
152 **Entschädigung**
154 Arthur Wiesner (1889 – 1977)
156 Wilhelm Bruse (1881 – 1958)
160 **Erinnerungskult in der DDR**
164 Ernst Thälmann (1886 – 1944)

Anhang

168 Medienstation
170 Abkürzungsnachweis
171 Abbildungsnachweis
173 Register
176 Impressum

Torhaus, Gefängnis Bautzen I, 1935

Hauptstaatsarchiv Dresden

Einführung

»Um eines bitte ich: Ihr, die ihr diese Zeit überlebt, vergesst nicht! Vergesst die Guten nicht und nicht die Schlechten! Sammelt geduldig die Zeugnisse über jene, die für sich und für euch gefallen sind. Eines Tages wird das Heute Vergangenheit sein, wird man von der großen Zeit und von den namenlosen Helden sprechen, die Geschichte gemacht haben. Ich möchte, dass man weiß, dass es keine namenlosen Helden gegeben hat. Dass es Menschen waren, die ihren Namen, ihr Gesicht, ihre Sehnsucht und ihre Hoffnungen hatten, und dass deshalb der Schmerz auch des Letzten unter ihnen nicht kleiner war als der Schmerz des Ersten, dessen Name erhalten bleibt.«

Julius Fučik, Reportage unter dem Strang geschrieben, Prag 1942/43.

Der Journalist und Schriftsteller, im Widerstand gegen das NS-Regime aktiv, 1943 in Bautzen II inhaftiert, bevor er wegen Hochverrats zum Tode verurteilt und am 8. September 1943 in Plötzensee ermordet wird.

I.

Die Bautzener Gefängnisse stehen im öffentlichen Bewusstsein synonym für Verfolgung und Inhaftierung in der SBZ und der DDR. Kaum bekannt ist die Geschichte der Haftanstalten während des Nationalsozialismus. Dieses Erinnerungsdefizit besteht – Ost wie West – nicht nur hinsichtlich der Bautzener Haftanstalten, es umfasst fast alle der mehr als 200 Haftstätten der NS-Justiz (Gefängnisse, Zuchthäuser und Strafgefangenenlager). Obwohl die Strafanstalten eine wichtige Funktion im Terrorapparat der Nationalsozialisten einnahmen – zwischen 1933 und 1945 waren in ihnen mehrere Millionen Männer und Frauen eingesperrt –, gibt es fast keine Forschungen zum Thema. In Gesamtdarstellungen über das »Dritte Reich« werden sie nicht einmal erwähnt und auch in thematisch enger gefassten Studien über die Verfolgung von Andersdenkenden und Unerwünschten fällt kaum ein Wort über den Strafvollzug. Im kollektiven Gedächtnis haben sich die Konzentrationslager der SS, die Arbeits- oder

Vernichtungslager, als die brutalsten und zivilisationssprengenden Repressionsinstrumente des NS-Regimes fest verankert. Für die Erinnerung an die nationalsozialistischen Justizgefängnisse und deren Opfer ist bis heute kaum Platz.

II.

Als »ganz normale«, reguläre Justizgefängnisse waren Bautzen I und Bautzen II Teil des Repressionsapparates der Nationalsozialisten. Das 1904 errichtete Gefängnis Bautzen I und das 1906 fertig gestellte Gerichtsgefängnis Bautzen II waren im »Dritten Reich« zunächst als »Landesgefangenenanstalt Bautzen« mit der »Zweiganstalt Bautzen II«, später als »Straf-, Untersuchungs- und Jugendgefängnis« verwaltungstechnisch zusammengefasst.

Mit ihren insgesamt 1550 Haftplätzen zählte die Anstalt zu den fünf größten im Deutschen Reich. Bautzen I diente dem Vollzug von Gefängnisstrafen im Gerichtsbezirk Dresden und dem Jugendstrafvollzug. Die kleinere Haftanstalt Bautzen II bot 200 Gefangenen Platz. Sie diente als Untersuchungsgefängnis, dem Vollzug kurzer Freiheitsstrafen und der Schutzhaft.

Die NS-Justiz stellte sich sofort 1933 in den Dienst des Regimes. Sie hatte kein Problem damit, mit brutalen SA-Schlägern zusammenzuarbeiten und »ihre« Gefängniszellen für deren sogenannte »Schutzhäftlinge« herzugeben. In Bautzen II verhörten SA-Angehörige Gefangene – oft kamen sie aus dem Frühen KZ »Kupferhammer« –, schlugen und misshandelten sie. Die Justizbediensteten schritten nicht ein: Sie sorgten sich ob der Schläge und lauten Schreie einzig und allein um den Ruf der Anstalt. Das NS-Regime setzte im Strafvollzug auf Zucht und Ordnung. Der Reformstrafvollzug der Weimarer Republik, in dessen Mittelpunkt die Resozialisierung des Gefangenen stand, wurde als »Humanitätsduselei« abgelehnt. Statt Besserung und Erziehung der Verurteilten galten nun Sühne, Zucht und Strafe.

Kriminalität galt als Krankheit eines an sich »gesunden Volkskörpers«. Diese Anschauungen machte sich der im April 1933 neu in Bautzen eingesetzte Gefängnisdirektor, der promovierte Jurist Rudolf Plischke schnell zu eigen. Vor 1933 war er dezidierter Vertreter eines humanen, modernen Strafvollzugs. Jetzt leitete er die Gefängnisse mustergültig und politisch zuverlässig bis zum Ende der NS-Diktatur.

Aufgrund zahlreicher Sondergesetze kamen Juden, Zeugen Jehovas und homosexuelle Männer in die Bautzener Gefängnisse. Kleinkriminelle galten als minderwertige »Asoziale«. Mehrfach Verurteilte wurden als gefährliche Gewohnheitsverbrecher in dauerhafte Sicherungsverwahrung genommen. Vor allem die als gemeinschaftsfremd eingestuften Gefangenen bekamen die volle Brutalität des nationalsozialistischen Strafvollzugs zu spüren.

Mit dem Überfall auf Polen begann im September 1939 der Zweite Weltkrieg. Auch der Strafvollzug sollte seinen Beitrag zum deutschen Sieg leisten: Personal, Verpflegung und Material für die Gefängnisse wurden gekürzt, die Häftlingszahlen stiegen. Überfüllung, Hunger, Verwahrlosung, Krankheiten und Tod prägten nun zunehmend den Haftalltag – auch in Bautzen. Zwangsarbeit für die Kriegs-

Zeichnung von Jan Švehla, 1941, Bautzen I

Gedenkstätte Theresienstadt

Zellenhaus, Gefängnis Bautzen I, 1935

Hauptstaatsarchiv Dresden

wirtschaft galt jetzt als Hauptaufgabe des Strafvollzugs. Die Bautzener Gefängnisse wandelten sich immer mehr zu Rüstungsfabriken. Die Gefangenen wurden ungeachtet ihres Zustandes maximal ausgebeutet. Ihre tägliche Arbeitszeit betrug elf Stunden und länger. In der Region entstanden Strafgefangenen-Außenlager, u.a. in Kirschau und Königswartha, die alle von Bautzen II aus verwaltet wurden.

Für die Zeit ab 1940 diente Bautzen vermehrt als Durchgangsstation für tschechische Widerstandskämpfer, die vor dem Volksgerichtshof in Berlin – häufig zum Tode – verurteilt wurden. Daneben waren in Bautzen immer auch »Normalbürger« inhaftiert, die wegen Heimtücke, Rundfunkverbrechen und Wehrkraftzersetzung verurteilt worden waren.

Ab 1943 wurden zudem unzählige Menschen aus den besetzten Ländern als Arbeitskräfte nach Deutschland deportiert. Sie unterlagen einem strikten Arbeitszwang und schikanösen Verhaltensvorschriften. Kleinste Verstöße wurden auch hier mit Freiheitsentzug geahndet. So fanden sich immer mehr Ausländer in den deutschen Gefängnissen wieder, wo sie eine noch schlechtere Behandlung erfuhren als Einheimische.

Im Februar 1945 wurden die Insassen der Bautzener Haftanstalten vor dem Anrücken der Roten Armee nach Leipzig verlegt. Häftlinge mit nur noch einem geringen Strafrest werden entlassen, die übrigen teils mit der Bahn, meist aber zu Fuß nach Leipzig geschickt. Dort trafen sie nach ein- bis zweiwöchigen Märschen in eisiger Kälte größtenteils krank und vollkommen verelendet ein.

In Bautzen übernahm mit Kriegsende im Mai 1945 die sowjetische Besatzungsmacht die beiden Bautzener Gefängnisse. Bautzen I wurde zum Speziallager, Bautzen II Untersuchungsgefängnis des sowjetischen Geheimdienstes.

Eine gesellschaftliche Aufarbeitung und Auseinandersetzung mit der NS-Zeit fand in Ost- wie Westdeutschland lange Zeit kaum statt. Die NS-Geschichte Bautzens geriet in Vergessenheit.

III.

Die neue Dauerausstellung der Gedenkstätte Bautzen trägt den Titel »Haft unterm Hakenkreuz«. Sie beschreibt zwei konkrete Orte des NS-Unrechts – Bautzen I und II, erzählt von den Gefangenen, davon, wie ihr Haftalltag aussah, und von den Bediensteten und ihrem Handeln.

In fünf Kapitel beschreibt sie chronologisch das Wesen des NS-Justizsystems und das Wirken der nationalsozialistischen Repression bis in die Mitte der Gesellschaft. Die Ausstellung dokumentiert die unmittelbaren Auswirkungen einer menschenfeindlichen Ideologie auf breite Bevölkerungskreise. Die Gefängnisse mit ihrem Personal aus dem lokalen Umfeld waren in das städtische Verwaltungs- aber auch Sozialgefüge eingebunden.

Gerade auch im Unterschied zu den inzwischen bestehenden Ausstellungen über den NS-Strafvollzug in der Gedenkstätte Roter Ochse Halle, in der Gedenkstätte Konzentrationslager und Strafanstalten Fuhlsbüttel oder in der Gedenkstätte Münchner Platz Dresden, die ihren Fokus zu Recht auf die NS-Hinrichtungspraxis richten, rückt die Gedenkstätte Bautzen den alltäglichen Missbrauch der Justiz und des Strafvollzugs im NS-Regime mit seiner elementaren Missachtung von Rechtsstaatlichkeit und Menschenwürde in den Blickpunkt.

Die Ausstellung will mehr bieten als den Blick zurück. Geleitet ist die Exposition von der Frage, wie sich die Gesellschaft der Weimarer Republik innerhalb eines kurzen Zeitraums in eine radikale, brutale Ausgrenzungsgesellschaft verwandeln und unmenschliche Verhaltensweisen mittragen bzw. mitvollziehen konnte. Besucher sollen angeregt werden, kognitive Fähigkeiten für die Wahrnehmung eigener Verantwortlichkeit und eigener Handlungsmöglichkeiten für aktuelle und vor uns liegende Fragestellungen zu entwickeln.

Die Darstellung von Biografien nimmt dabei einen besonderen Stellenwert ein. Menschen und ihre Geschichten stehen im Mittelpunkt. Die Ausstellung erzählt 30 Lebensgeschichten von Gefangenen und Bediensteten, von Opfern und Tätern. Der biografische Zugang schließt neben der Dokumentation der Häftlingsgesellschaft auch die Beschreibung der Funktionsträger in der NS-Diktatur ein. Beide Seiten waren Handelnde in einer konkreten historischen Situation. Welche Wege haben sie jeweils beschritten? Der gedenkstättenpädagogische Ansatz, nach Handlungsperspektiven und Handlungsoptionen zu fragen, macht eine Darstellung von Lebenswegen mit all ihren »Schattierungen« notwendig. Die Ausstellungsbesucher können und sollen sich selbst ein Bild machen und urteilen. Wer hat moralisch richtig gehandelt, wer hat sich »schuldig« gemacht? Wer ist zum »Opfer«, zum »Helden«, wer ist zum Täter geworden?

Die Gedenkstätte Bautzen dokumentiert auch die Geschichte des Bautzener Speziallagers 1945 bis 1956 und die Geschichte des »Stasi-Gefängnisses« Bautzen II von 1956 bis 1989. Die Erweiterung der bisherigen Ausstellungsbereiche um den nun dritten zentralen Bereich zur NS-Geschichte bietet Besuchern die Chance, die verschiedenen Schichten der Verfolgungs- und Inhaftierungspraxis in den unterschiedlichen Diktaturen des 20. Jahrhunderts zu erfahren. Besucher können Bezüge zwischen den verschiedenen Verfolgungsperioden herstellen. Sie können Parallelen und gleichzeitig auch die Besonderheiten der Diktaturen, Kontinuitäten und Brüche erkennen. Das Gebäude Bautzen II trägt all seine Vergangenheiten in sich. Die deutsche Diktaturgeschichte des 20. Jahrhunderts wird hier konkret nachvollziehbar. Der jeweils anderen Vergangenheit kann nicht ausgewichen werden, deshalb eignet sich »Bautzen« zum Erkennen und Erlernen der Mehrschichtigkeit und Komplexität der Historie. Am konkreten Ort können Besucher über die vielfältige Verwobenheit, die die verschiedenen Epochen der deutschen Geschichte miteinander verbindet, mit all ihren Widersprüchen reflektieren.

Dass eindimensionale Antworten und Definitionen bei der Aufarbeitung von Diktaturen nicht greifen, zeigt sich auch in biografischen Schicksalen von Bautzen-Häftlingen. Biografien wie die von Walter Janka zeigen, dass Opfer des Nationalsozialismus erneut zu Opfern des SED-Regimes werden konnten. Ebenso können Opfer eines totalitären Regimes zu Funktionsträgern in anderen totalitären Regimes werden. So war Erich Reschke, ab 1950 der erste Leiter von Bautzen I, als Kommunist im KZ Buchenwald inhaftiert.

Bautzen lädt zu einer Auseinandersetzung mit der vielfältigen Verwobenheit der verschiedenen Epochen der deutschen Geschichte mit all ihren Widersprüchen ein. Hier können Parallelen und gleichzeitig auch die Besonderheiten der Diktaturen, Kontinuitäten und Brüche erkannt werden.

Ob die im September 2018 eröffnete Ausstellung ihre Ziele einlöst, muss dem kritischen Urteil der vielen Besucher des historischen Ortes überlassen bleiben.

Nur Dank der ideellen, fachlichen und tatkräftigen Unterstützung Vieler war es den Mitarbeiterinnen und Mitarbeitern der Gedenkstätte Bautzen und dem hochmotivierten Ausstellungsteam möglich, das rechercheaufwändige Vorhaben in die Tat umzusetzen. Ihnen allen sei an dieser Stelle herzlichster Dank und Anerkennung ausgesprochen.

Silke Klewin
Leiterin der Gedenkstätte

1933–1945
HAFT UNTERM HAKENKREUZ
BAUTZEN I UND BAUTZEN II
Der Nationalsozialismus ist eine menschenverachtende und rassistische politische Bewegung und Weltanschauung. Das NS-Regime beginnt mit der Machtübergabe an Adolf Hitler am 30. Januar 1933. Die Demokratie der Weimarer Republik wird abgeschafft. Rücksichtslos und brutal setzt die NS-Führung ihren uneingeschränkten Führungsanspruch durch und errichtet mittels Terror und Propaganda eine Diktatur. Die Nazis wollen eine deutsche „Volksgemeinschaft" schaffen, die Juden, Andersdenkende, politische Gegner, Homosexuelle, Sinti und Roma sowie Menschen mit Behinderungen ausschließt.
Die Justiz und deren Gefängnisse werden Teil des Repressionsapparates. Alle staatlichen und gesellschaftlichen Organisationen werden gleichgeschaltet und ordnen sich den Zielen der NSDAP unter. Deutschland ist ein totalitärer Führerstaat mit dem Hakenkreuz als allgegenwärtigem Symbol. Am 8. Mai 1945 endet in Europa der von Deutschland entfesselte Zweite Weltkrieg und damit auch die Zeit des NS-Regimes.
BAUTZEN WIRD NATIONALSOZIALISTISCH
10 Jahre
GRUNDRECHTE AUSSER KRAFT
VÖLKISCHER BEOBACHTER
Der Reichstag übergibt Adolf Hitler die Herrschaft
1933–1945
HAFT
UNTE
HAKE
KREU

1933 – 1945
Haft unterm Hakenkreuz

Der Nationalsozialismus ist eine menschenverachtende und rassistische politische Bewegung und Weltanschauung. Das NS-Regime beginnt mit der Machtübergabe an Adolf Hitler am 30. Januar 1933. Die Demokratie der Weimarer Republik wird abgeschafft. Rücksichtslos und brutal setzt die NS-Führung ihren uneingeschränkten Führungsanspruch durch und errichtet mittels Terror und Propaganda eine Diktatur. Die Nazis wollen eine deutsche »Volksgemeinschaft« schaffen, die Juden, Andersdenkende, politische Gegner, Homosexuelle, Sinti und Roma sowie Menschen mit Behinderungen ausschließt.

Die Justiz und deren Gefängnisse werden Teil des Repressionsapparates. Alle staatlichen und gesellschaftlichen Organisationen werden gleichgeschaltet und ordnen sich den Zielen der NSDAP unter. Deutschland ist ein totalitärer Führerstaat mit dem Hakenkreuz als allgegenwärtigem Symbol. Am 8. Mai 1945 endet in Europa der von Deutschland entfesselte Zweite Weltkrieg und damit auch die Zeit des NS-Regimes.

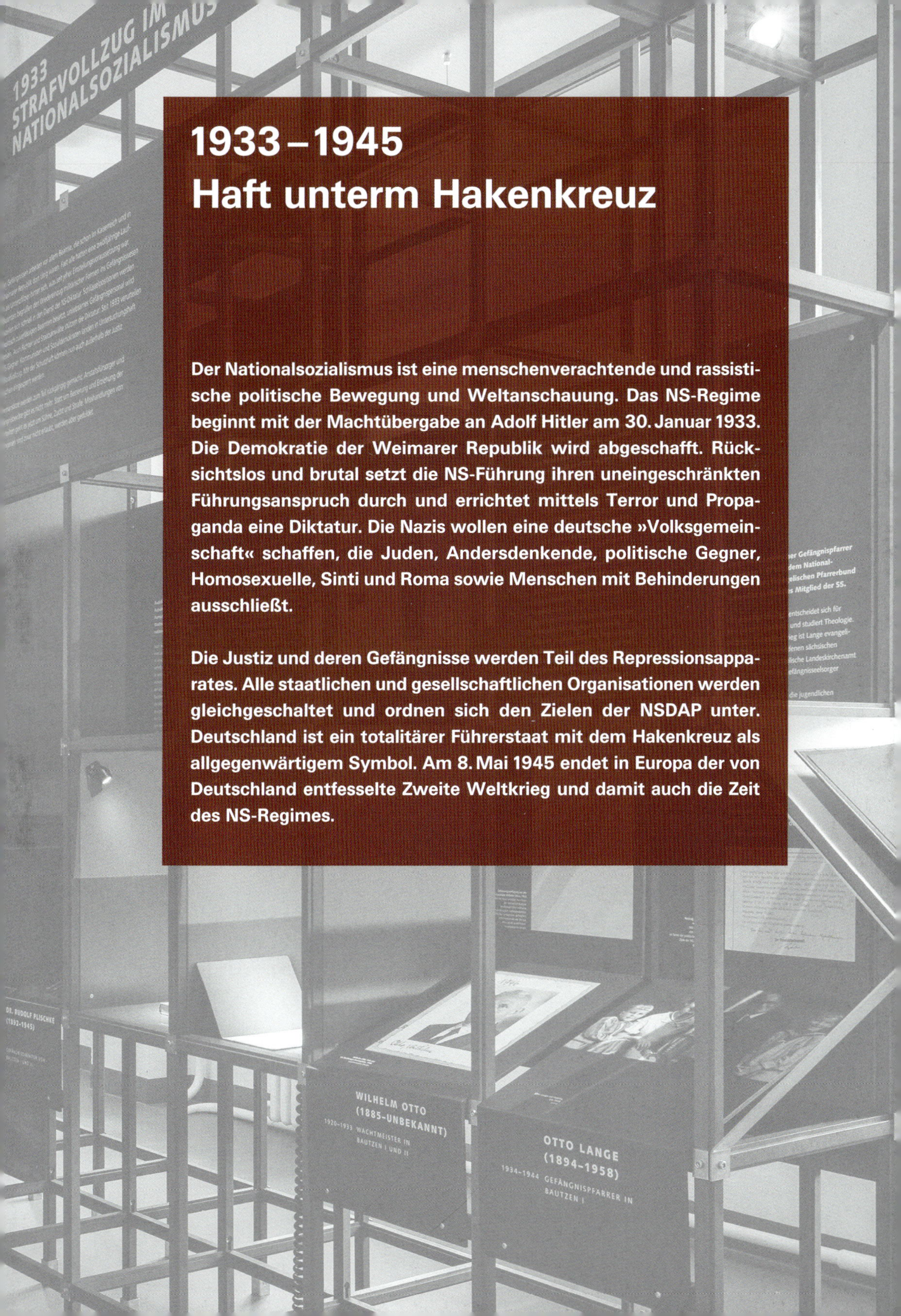

Reichenstraße in Bautzen, Juni 1933
In der Pfingstwoche 1933 feiert die Stadt mit der 1000-Jahr-Feier die Zugehörigkeit der Oberlausitz zum Deutschen Reich. Gekrönt wird dieses Ereignis mit der Verleihung der Ehrenbürgerschaft der Stadt Bautzen für Reichskanzler Adolf Hitler, die er noch bis Dezember 1990 innehat.

Stadtarchiv Bautzen

Bautzen wird nationalsozialistisch

In Bautzen sind die Nationalsozialisten schon früh gut organisiert: Seit 1925 gibt es hier eine NSDAP-Ortsgruppe. Unterstützt wird die Partei durch die SA-Standarte 103, der bald über 2 000 Mann angehören. Die lokale NSDAP verbucht es als Erfolg, dass Adolf Hitler Bautzen zweimal besucht: 1930 und 1932. Bei den Reichstagswahlen im März 1933 schneidet die Partei hier überdurchschnittlich gut ab: Jeder zweite Bautzener wählt die NSDAP, reichsweit sind es durchschnittlich 44 Prozent.

Am 7. und 8. März 1933 besetzt die SA das Gewerkschaftshaus in der Nordstraße in Bautzen und nimmt politische Gegner in Schutzhaft. Das Rathaus wird von Nationalsozialisten übernommen, der amtierende Bürgermeister wird abgesetzt und durch den überzeugten Nazi Dr. Walter Förster ersetzt. Im Stadtrat stellt die NSDAP die stärkste Fraktion. Die Kreisleitung der Partei übernimmt Karl Martin, der fortan das öffentliche Leben der Stadt kontrolliert.

Adolf Hitler vor der Silhouette von Bautzen, 1933
Ölgemälde von Friedrich Krampf (1887–1943), Abbildung aus: 10 Jahre Ortsgruppe Bautzen der NSDAP

Festschrift, 1935
Zum zehnjährigen Bestehen der NSDAP veröffentlicht sie die Broschüre, die den Aufstieg der Partei in Bautzen beschreibt.

Staatsbibliothek Berlin

T.
LBERT

Rednertribüne zu den 1000-Jahr-Feierlichkeiten in Bautzen, Juni 1933
Sachsens Reichsstatthalter Martin Mutschmann hält eine Festrede.

Stadtarchiv Bautzen

Grundrechte außer Kraft

Die Nationalsozialisten nutzen den Brandanschlag auf den Reichstag in Berlin am 27. Februar 1933, um die Reichstagsbrand-Verordnung zu erlassen. Mit dieser Notverordnung sind Meinungs-, Presse- und Versammlungsfreiheit sowie Postgeheimnis, der Schutz der Privatwohnung und allgemein die persönlichen Freiheitsrechte stark eingeschränkt. Dies ebnet den Weg für polizeistaatliche Willkür und hilft dabei, Verhaftungen von Sozialdemokraten, Kommunisten, christlich geprägten Demokraten und Gewerkschaftern zu legitimieren.

Mit dem Ermächtigungsgesetz vom März 1933 erhält der zuvor geschaffene Ausnahmezustand dauerhafte Rechtskraft. Hitlers Kabinett kann nun ohne das Parlament regieren und verfassungsändernde Reichsgesetze erlassen. Die Nationalsozialisten schalten damit in kürzester Zeit den Rechtsstaat aus und etablieren die Diktatur.

Völkischer Beobachter, 24. März 1933 ►
In dem seit 1920 erscheinenden zentralen Kampf- und Propagandablatt publizieren die Nationalsozialisten ihre Version vom Zustandekommen des Ermächtigungsgesetzes.

Deutsches Historisches Museum, Berlin

Der Wille des deutschen Volkes erfüllt:

Der Reichstag übergibt Adolf Hitler die Herrschaft

Annahme des Ermächtigungsgesetzes mit der überwältigenden Mehrheit von 441 gegen 94 Stimmen der S.P.D. / Einstimmige Annahme auch im Reichsrat / Hitlers historische Abrechnung mit den Novembermännern

Die Regierungserklärung:

Für Freiheit und Ehre der deutschen Nation! Gegen die Scheidung der Völker in „Sieger und Besiegte"!

Ein stolzes Programm des Wiederaufbaues

Berlin, 23. März.

Reichskanzler Adolf Hitler gab, gleichzeitig zur Begründung des Ermächtigungsgesetzes, das angenommen worden ist, im Reichstag folgende großangelegte Regierungserklärung ab, deren Wortlaut durch den Rundfunk übertragen wurde. Reichskanzler Adolf Hitler wurde immer wieder von dem Beifall des Reichstages und seiner zahlreichen Zuhörer unterbrochen. Adolf Hitler führte aus:

Männer und Frauen
des Deutschen Reichstags!

Im Einvernehmen mit der Reichsregierung haben die Nationalsozialisten und die Deutschnationale Volkspartei Ihnen durch einen Initiativantrag ein Gesetz zur Behebung der Not von Volk und Reich zur Beschlußfassung unterbreitet. Die Gründe für diesen außerordentlichen Vorgang sind folgende: Im November 1918 rissen marxistische Organisationen durch eine Revolution die vollziehende Gewalt an sich. Die Monarchen wurden entthront, die Reichs- und Landesbehörden abgesetzt und damit die Verfassung gebrochen. Das Gelingen der Revolution in materiellem Sinne sicherte die Attentäter vor dem Zugriff der Justiz. **Die moralische Legitimierung suchten sie in der Behauptung,**

Deutschland bzw. seine Regierung trage die Schuld am Ausbruch des Krieges. Diese Behauptung war wissentlich und sachlich falsch.

In der Folge führte aber diese im Interesse unserer damaligen Feinde liegende unwahre Anschuldigung zu schwersten Unterdrückungen des gesamten deutschen Volkes.

Unter Bruch der uns in den vierzehn Punkten Wilsons gemachten Zusicherungen begann für Deutschland, d. h. für das schaffende deutsche Volk, eine Zeit grenzenlosen Unglücks.

Alle die von den Männern des November 1918 gemachten Versprechungen erwiesen sich, wenn schon nicht als bewußte Irreführungen, so doch als nicht minder verdammenswerte Illusionen. Die ‚Errungenschaften der Revolution waren, insgesamt genommen, nur für kleinste Teile unseres Volkes angenehm, für die lebendige Mehrzahl aber, zum mindesten soweit sie sich durch tätige Arbeit ihr täglich Brot verdienen mußte, unendlich traurig.

Daß der Selbsterhaltungstrieb der Schuldigen tausend Beschönigungen und Ausreden findet, ist selbstverständlich. Der nüchterne Vergleich der durchschnittlichen Ergebnisse der letzten vierzehn Jahre mit den einst proklamierten Versprechungen fällt für diese, fällt für die verantwortlichen Männer jenes in der deutschen Geschichte beispiellosen Verbrechens vernichtend aus.

Unser Volk hat in den vergangenen vierzehn Jahren auf allen Gebieten seines Lebens einen Verfall erlitten, der in seiner Größe kaum vorstellbar ist. Die Frage, was überhaupt Schlimmeres hätte kommen können, ist unter Berücksichtigung der Grundwerte unseres deutschen Volkes sowie der einst vorhandenen politischen und wirtschaftlichen Erbmasse nicht zu beantworten.

Das deutsche Volk hat sich trotz seiner schweren Beweglichkeit in politischen Empfindungen und Stellungnahmen steigend von den in seinen Augen für diese Zustände verantwortlichen Auffassungen, Parteien und Verbänden abgewandt. Die Zahl der innerlich auf dem Boden der Weimarer Verfassung stehenden Deutschen war trotz günstigster Bedingungen und rücksichtsloser Ausnutzung der Regierungsgewalt am Ende nurmehr ein Bruchteil der gesamten Nation.

Es ist weiter das charakteristische Merkmal dieser vierzehn Jahre gewesen, daß, abgesehen von natürlichen Schwankungen, die wirtschaftliche Entwicklung konstant nach unten führte.

Diese deprimierende Erkenntnis war mit eine der Ursachen der allgemeinen Verzweiflung. Sie stärkte aber auch die Einsicht von der Notwendigkeit einer gründlichen Abkehr von Ideen, Organisationen und Männern, in denen man allmählich die tieferen Ursachen des Verfalls zu erkennen begann.

Die nationalsozialistische Bewegung vermochte infolgedessen immer größere Teile zum Abwehrkampf zu erfassen. Sie hat mit anderen nationalen Verbänden in wenigen Wochen die seit 1918 herrschenden Mächte beseitigt und in einer Revolution die Gewalt in die Hände der nationalen Regierung gelegt. Am 5. März hat das deutsche Volk diesem Akt seine Zustimmung erteilt.

Das Programm des Wiederaufbaues von Volk und Reich

ergibt sich aus der Größe der Not unseres politischen, moralischen und wirtschaftlichen Lebens. Erfüllt von der Überzeugung, daß dieser Zusammenbruch seine Ursachen im inneren Zentrum des Volkskörpers hat, ist es das Ziel der Regierung der nationalen Revolution, diejenigen Gebrechen aus unserem völkischen Leben zu beseitigen, die auch in Zukunft jeden tatsächlichen Wiederaufstieg verhindern.

Der systematisch herbeigeführte Verfall der Nation in weltanschaulich unvereinbare Gegensätze bedeutet die Vernichtung der Basis eines möglichen Gemeinschaftslebens.

Die Auflösung ergreift alle Grundlagen der Gesellschaftsordnung. Die völlig gegensätzliche Einstellung des einzelnen zu den Begriffen Staat, Gesellschaft, Religion, Moral, Familie, Wirtschaft reißt Differenzen auf, die zum Krieg aller gegen alle führen müssen.

Ausgehend vom Liberalismus des vergangenen Jahrhunderts findet diese Entwicklung naturgesetzlich ihr Ende im kommunistischen Chaos. Die Mobilisierung primitivster Instinkte führt zu einer Verbindung zwischen den Auffassungen einer politischen Idee und den Handlungen wirklicher Verbrecher. Angefangen von Plünderungen, Brandstiftungen, Eisenbahnanschlägen, Attentaten und so fort erhält alles in der kommunistischen Idee seine moralische Sanktion. Allein die Methode des individuellen Massenterrors hat die nationalsozialistische Bewegung im Laufe weniger Jahre über 300 Tote und Zehntausende von Verletzten gekostet.

Die Brandstiftung im Reichstag als mißglückter Versuch einer großangelegten Aktion ist nur ein Zeichen dessen, was Europa vom Siege dieser teuflischen Lehre zu erwarten hätte.

Wenn eine bestimmte Presse, besonders außerhalb Deutschlands, heute versucht, entsprechend der durch den Kommunismus zum Prinzip erhobenen politischen Unwahrheit die nationale Erhebung Deutschlands mit dieser Schandtat zu identifizieren, so kann mich das nur in meinem Beschluß bestärken, nichts unversucht zu lassen, um in kürzester Zeit dieses Verbrechen durch die öffentliche Hinrichtung des schuldigen Brandstifters und seiner Komplicen zu sühnen! (Stürm. Händeklatschen bei den Reg.-Part.)

Der ganze Umfang der beabsichtigten Aktionen dieser Organisation ist weder dem deutschen Volk noch der übrigen Welt genügend zum Bewußtsein gekommen. Nur durch ihr blitzschnelles Zuschlagen hat die Regierung eine Entwicklung verhindert, die bei einem katastrophalen Ausgang ganz Europa erschüttert haben würde.

Manche von denen, die sich heute aus Haß gegen die nationale Erhebung innerhalb und außerhalb Deutschlands mit den Interessen des Kommunismus verbrüdern, würden selbst die Opfer einer solchen Entwicklung geworden sein. (Sehr wahr! b. d. Nat.Soz.) Es wird die oberste Aufgabe der nationalen Regierung sein, diese Erscheinung nicht nur im

Die Bautzener Gefängnisse im Nationalsozialismus

Beide Bautzener Gefängnisse sind bereits seit Anfang des 20. Jahrhunderts in Betrieb. Im NS-Regime sind die Haftanstalten Orte der Unterdrückung. Neben Kriminellen werden hier viele Menschen aus politischen Gründen von der Außenwelt isoliert.

Bautzen I wird als Gefängnis für junge und erstbestrafte Männer sowie für männliche Jugendliche genutzt und hat 1934 eine Kapazität von 1350 Haftplätzen. Die Haftanstalt Bautzen II steht für Untersuchungshaft, Schutzhaft und in geringerem Maße auch als Strafgefängnis für Männer und Frauen aus der Region zur Verfügung. Das Gefängnis ist für 200 Häftlinge ausgelegt.

Im Zweiten Weltkrieg sind die Bautzener Haftanstalten zunehmend überbelegt. Die Gefängnisse stellen der Rüstungsindustrie Häftlinge zur Verfügung. Hunderte werden zusätzlich in Außenlagern untergebracht. Im Dezember 1944 sind in den beiden Gefängnissen und ihren Außenlagern 2 775 Menschen inhaftiert.

Zeichnung von Jan Švehla, 1941,
Bautzen I

Gedenkstätte Theresienstadt

Einwohnerbuch der Stadt Bautzen, 1938
Die Gefängnisse der NS-Justiz sind keine versteckten oder geheimen Orte. Im Adressbuch wird auf Sprechzeiten und Kontaktdaten hingewiesen.

Sammlung Gedenkstätte Bautzen

Staats-, Untersuchungs- und Jugendgefängnis

Gabelsbergerstraße 10. ☎ 3780 und 3781.

Geschäftszeit: Sommer: 7—12.30 Uhr, 14—17.30 Uhr, Sonnabends 7—13 Uhr; Winter: 7.30—13 Uhr, 14.30 bis 18 Uhr, Sonnabends 7.30—13.30 Uhr.

Besuchszeit: 8—11.30 Uhr, 13—17.30 Uhr.

Untersuchungsgefängnis Lessingstraße 7 (Justizgebäude).
☎ 2056.

Geschäftszeit: Sommer: 7—12.30 Uhr, 14—17.30 Uhr, Sonnabends 7—13 Uhr; Winter: 7.30—13 Uhr, 14.30 bis 18 Uhr, Sonnabends 7.30—13.30 Uhr.

Besuchszeit: Montag, Donnerstag und Sonnabend 8.30—11 Uhr, 15—17 Uhr.

Vorstand für beide Anstalten:

Oberregierungsrat Dr. jur. Plischke.

Stellvertreter: Regierungsrat Hagen.
Anstaltspfarrer: Oberpfarrer Neuhof.
Geschäftsstelle: Justizamtmann Wähner.
Kassenverwaltung: Verwalt.-Oberinspektor Herrmann.
Wirtschaftsverwaltung: Verwaltungsinspektor Hopf.
Technische Betriebsleitung: Technischer Betriebsinspektor Wagner.

Luftaufnahme von Bautzen I, 1935

Hauptstaatsarchiv Dresden

STRAFVOLLZUGSANSTALTEN „GROSSDEUTSCHES REICH“ (SOMMER 1941)

Strafvollzugsanstalten im Deutschen Reich, 1941
Die Landesstrafanstalt Bautzen I ist eine von 167 großen Haftanstalten im Deutschen Reich. Die Karte zeigt Gefängnisse mit einer Belegungskapazität von 500 Häftlingen oder mehr. Zusätzlich wurden kleinere Anstalten wie Eisenach und Prag-Pankratz eingezeichnet, die in der Ausstellung erwähnt werden.

SCHWEDEN
Ostsee
(LITAUEN)
Königsberg
Tapiau
Danzig
OSTPREUßEN
Wartenburg
Preuß-Stargard
Stuhm
BEZIRK BIALYSTOK (1941)
reibergen-Bützow
Gollnow
Krone
WESTPREUßEN (1939)
Wronke
Posen
Berlin
Brandenburg-Görden
Sonnenburg
WARTHELAND (1939)
Schieratz
Griebo
Luckau
Cottbus
Rawitsch
Breslau
GENERALGOUVERNEMENT (1939)
Leipzig
Bautzen
Dresden
Waldheim
Schweidnitz
Brieg
Groß Strehlitz
Zwickau
Glatz
Sosnowitz
Leitmeritz
Ratibor
Kattowitz
SUDETENLAND (1938)
OBERSCHLESIEN
Prag-Pankratz
Mürau
Teschen
PROTEKTORAT BÖHMEN UND MÄHREN (1939)
SLOWAKEI
N
Stein
Donau
Linz
Wien
Garsten
Staatsgrenzen von 1937
OSTMARK (1936)
UNGARN
Vollzugsanstalten
Graz
Marburg
05 0 100 150 km
SÜDSTEIERMARK
OBERKRAIN (1941)
KROATIEN

1933–1945
HAFT UNTERM HAKEN-KREUZ
GLEICHSCHALTUNG IM STRAFVOLLZUG
DR. RUDOLF PLISCHKE (1892–1945)
WILHELM OTTO (1885–UNBEKANNT)
1920–1933 WACHTMEISTER IN BAUTZEN I UND II

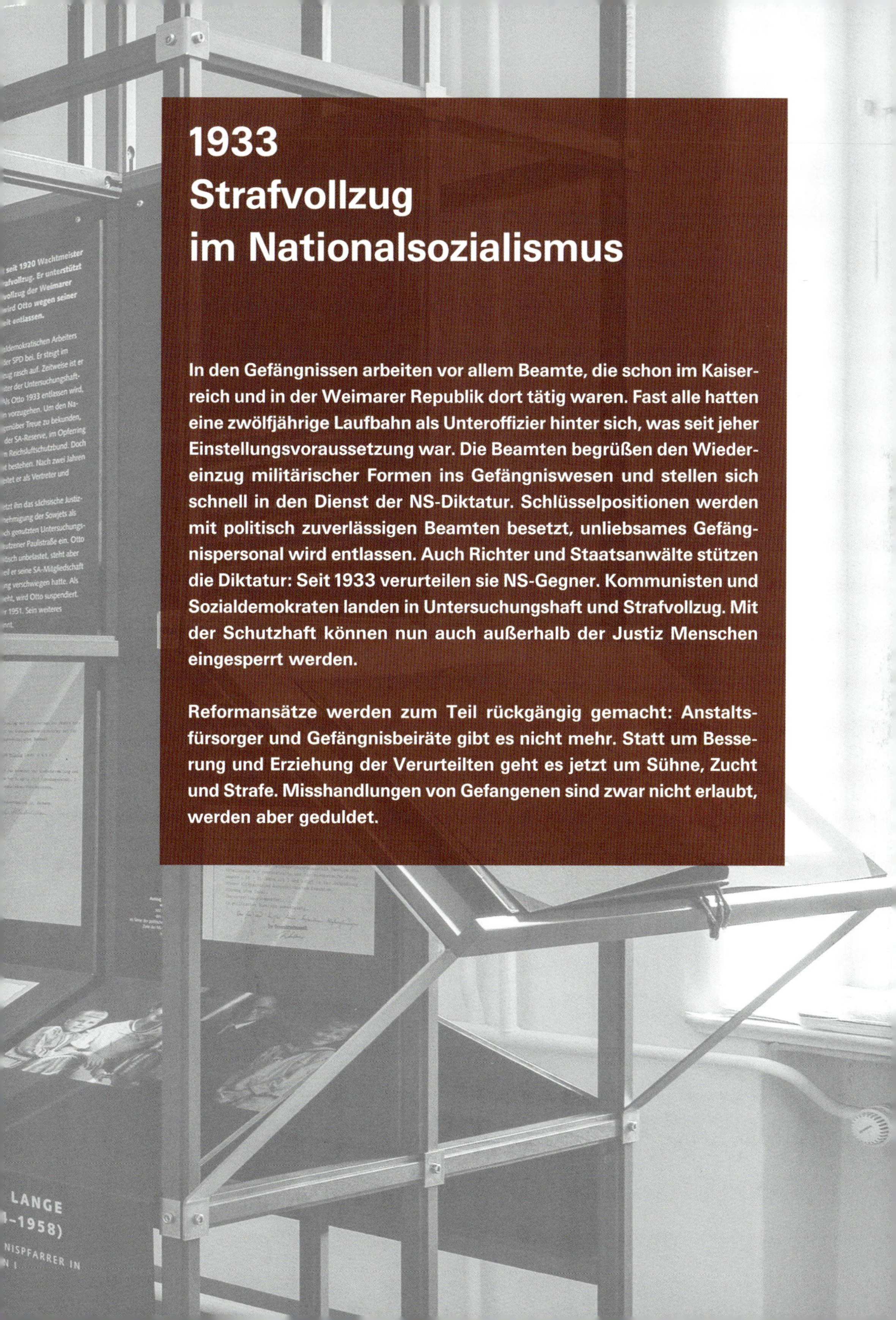

1933 Strafvollzug im Nationalsozialismus

In den Gefängnissen arbeiten vor allem Beamte, die schon im Kaiserreich und in der Weimarer Republik dort tätig waren. Fast alle hatten eine zwölfjährige Laufbahn als Unteroffizier hinter sich, was seit jeher Einstellungsvoraussetzung war. Die Beamten begrüßen den Wiedereinzug militärischer Formen ins Gefängniswesen und stellen sich schnell in den Dienst der NS-Diktatur. Schlüsselpositionen werden mit politisch zuverlässigen Beamten besetzt, unliebsames Gefängnispersonal wird entlassen. Auch Richter und Staatsanwälte stützen die Diktatur: Seit 1933 verurteilen sie NS-Gegner. Kommunisten und Sozialdemokraten landen in Untersuchungshaft und Strafvollzug. Mit der Schutzhaft können nun auch außerhalb der Justiz Menschen eingesperrt werden.

Reformansätze werden zum Teil rückgängig gemacht: Anstaltsfürsorger und Gefängnisbeiräte gibt es nicht mehr. Statt um Besserung und Erziehung der Verurteilten geht es jetzt um Sühne, Zucht und Strafe. Misshandlungen von Gefangenen sind zwar nicht erlaubt, werden aber geduldet.

Gleichschaltung im Strafvollzug

Die beiden Bautzener Gefängnisse unterstehen zwischen 1933 und 1945 dem Gefängnisdirektor Rudolf Plischke. Unter dem Nationalsozialisten setzen systemtreue Beamte in allen Bereichen die Neuordnungen der Vollzugsbestimmungen konsequent um. 1935 sind 208 Justizbedienstete in den beiden Bautzener Gefängnissen tätig. Auf Grundlage des Gesetzes zur Wiederherstellung des Berufsbeamtentums entlässt das Justizministerium politisch unzuverlässige oder rassisch unerwünschte Gefängnisbedienstete. Die freigewordenen Stellen nehmen Wachtmeister an, welche schon vor 1933 überzeugte Nazis und NSDAP-Mitglieder waren.

Strafgesetzbuch, 1935

Sammlung Gedenkstätte Bautzen

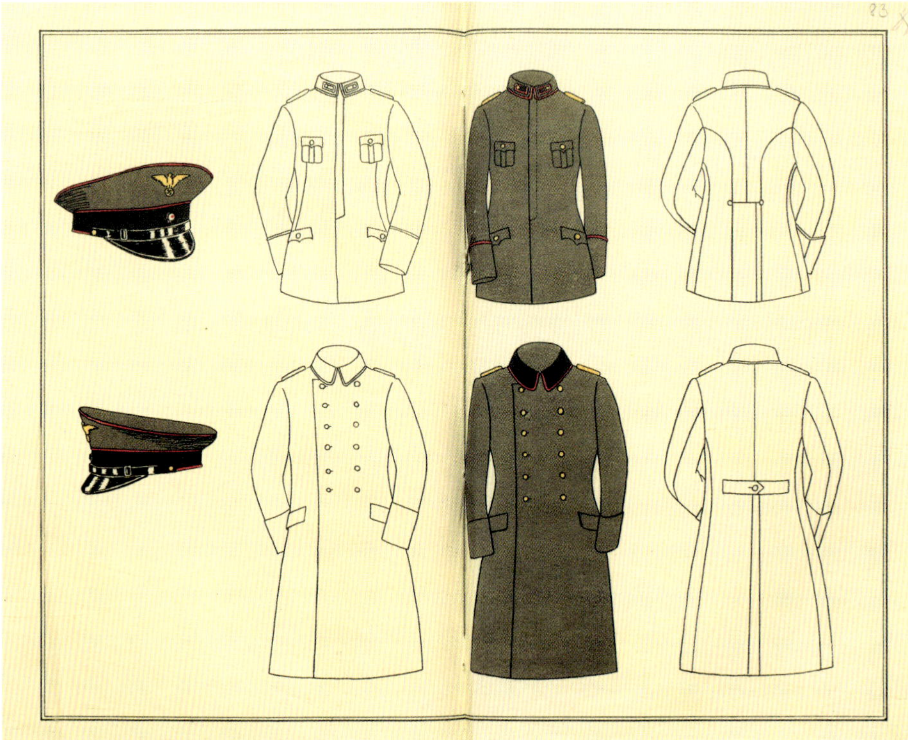

Uniformen im NS-Strafvollzug, ab 1936
Die NS-Justiz wird 1935 im Reichsjustizministerium zentralisiert. Es werden Vorgaben für neue Uniformen erlassen. Der Reichsadler mit Hakenkreuz auf der Uniformmütze soll die Einheit von Staat und Partei symbolisieren.

Hauptstaatsarchiv Dresden

Armbinde für Hilfskräfte ohne Dienstkleidung, 1936

Hauptstaatsarchiv Dresden, Nachbildung

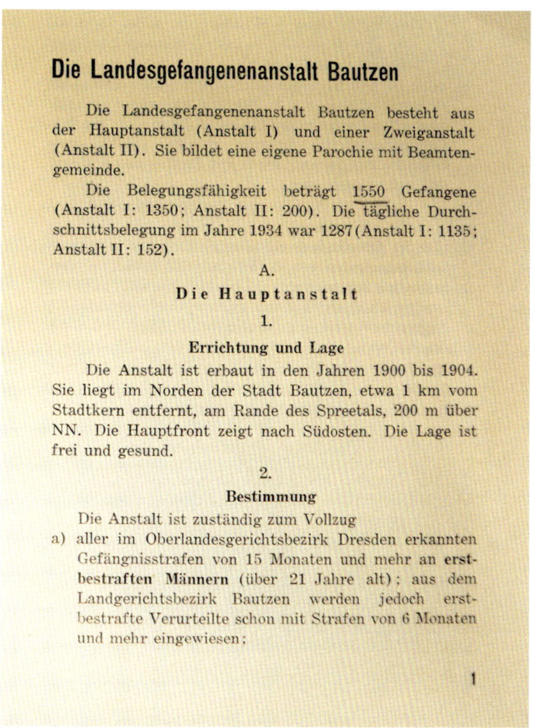

Die Landesgefangenenanstalt Bautzen

Die Landesgefangenenanstalt Bautzen besteht aus der Hauptanstalt (Anstalt I) und einer Zweiganstalt (Anstalt II). Sie bildet eine eigene Parochie mit Beamtengemeinde.

Die Belegungsfähigkeit beträgt 1550 Gefangene (Anstalt I: 1350; Anstalt II: 200). Die tägliche Durchschnittsbelegung im Jahre 1934 war 1287 (Anstalt I: 1135; Anstalt II: 152).

A.

Die Hauptanstalt

1.

Errichtung und Lage

Die Anstalt ist erbaut in den Jahren 1900 bis 1904. Sie liegt im Norden der Stadt Bautzen, etwa 1 km vom Stadtkern entfernt, am Rande des Spreetals, 200 m über NN. Die Hauptfront zeigt nach Südosten. Die Lage ist frei und gesund.

2.

Bestimmung

Die Anstalt ist zuständig zum Vollzug

a) aller im Oberlandesgerichtsbezirk Dresden erkannten Gefängnisstrafen von 15 Monaten und mehr an **erstbestraften Männern** (über 21 Jahre alt); aus dem Landgerichtsbezirk Bautzen werden jedoch erstbestrafte Verurteilte schon mit Strafen von 6 Monaten und mehr eingewiesen;

1

Broschüre des Reichsjustizministeriums, 1935
Den Teilnehmern des Internationalen Strafrechtskongresses in Berlin wird eine Beschreibung der Landesgefangenenanstalt Bautzen überreicht.

Archiv JVA Bautzen

DR. RUDOLF PLISCHKE (1892 – 1945)

1933 – 1945 GEFÄNGNISDIREKTOR
VON BAUTZEN I UND II

Rudolf Plischke mit Familie, um 1934
privat

Rudolf Plischke ist in der Weimarer Republik Vertreter eines modernen, humanen Strafvollzugs. Als Direktor der Bautzener Gefängnisse setzt er ab 1933 nationalsozialistisches Unrecht durch.

Nach seinem Jurastudium schlägt Plischke eine Laufbahn in der sächsischen Justiz ein. In seiner Doktorarbeit und in Fachschriften vertritt er reformorientierte Ansätze. Er arbeitet in verschiedenen Gefängnissen und im Justizministerium Sachsens. Im April 1933 beruft ihn der sächsische Justizminister zum Direktor der Bautzener Gefängnisse. Plischke macht sich die nationalsozialistischen Anschauungen sofort zu eigen und ist ab 1933 förderndes Mitglied der SS. Er tritt dem NS-Rechtswahrerbund, dem Reichsbund Deutscher Beamter und 1937 der NSDAP bei. Seine Vorgesetzten stellen ihm beste Zeugnisse aus: Plischke leite die Gefängnisse in mustergültiger Weise und sei politisch zuverlässig.

Nach Kriegsende hat Plischke kurzzeitig die Leitung des Gefängnisses Leipzig-Kleinmeusdorf inne. Die sowjetische Besatzungsmacht verhaftet ihn am 28. August 1945 in Leipzig. Er soll in Bautzen verhört werden. Dazu kommt es nicht mehr: Am Folgetag wird Plischke unter ungeklärten Umständen in einer Gefängniszelle in Bautzen tot aufgefunden.

Wohnhaus von Rudolf Plischke in Bautzen, um 1934
Gefängnisdirektor Plischke bezieht eine Dienstvilla nahe dem Gefängnis in der Flinzstraße 25.

privat

WILHELM OTTO (1885 – UNBEKANNT)

1920 – 1933 WACHTMEISTER IN BAUTZEN I UND II

Wilhelm Otto, 1946
Foto aus der Nachkriegs-Personalakte

Hauptstaatsarchiv Dresden

Wilhelm Otto ist seit 1920 Wachtmeister im Bautzener Strafvollzug. Er unterstützt den Reformstrafvollzug der Weimarer Republik. 1933 wird Otto wegen seiner SPD-Zugehörigkeit entlassen.

Als Sohn eines sozialdemokratischen Arbeiters tritt Wilhelm Otto der SPD bei. Er steigt im Bautzener Strafvollzug rasch auf. Zeitweise ist er kommissarischer Leiter der Untersuchungshaftanstalt Bautzen II. Als Otto 1933 entlassen wird, versucht er dagegen vorzugehen. Um den Nationalsozialisten gegenüber Treue zu bekunden, engagiert er sich in der SA-Reserve, im Opferring und als Blockwart im Reichsluftschutzbund. Doch die Entlassung bleibt bestehen. Nach zwei Jahren Arbeitslosigkeit arbeitet er als Vertreter und Lagerverwalter.

Im Frühjahr 1946 setzt ihn das sächsische Justizministerium mit Genehmigung der Sowjets als Leiter der provisorisch genutzten Untersuchungshaftanstalt in der Bautzener Paulistraße ein. Otto gilt zunächst als politisch unbelastet, steht aber bald in der Kritik, weil er seine SA-Mitgliedschaft bei der Neueinstellung verschwiegen hatte. Als 1950 ein Häftling flieht, wird Otto suspendiert. Daraufhin kündigt er 1951. Sein weiteres Schicksal ist unbekannt.

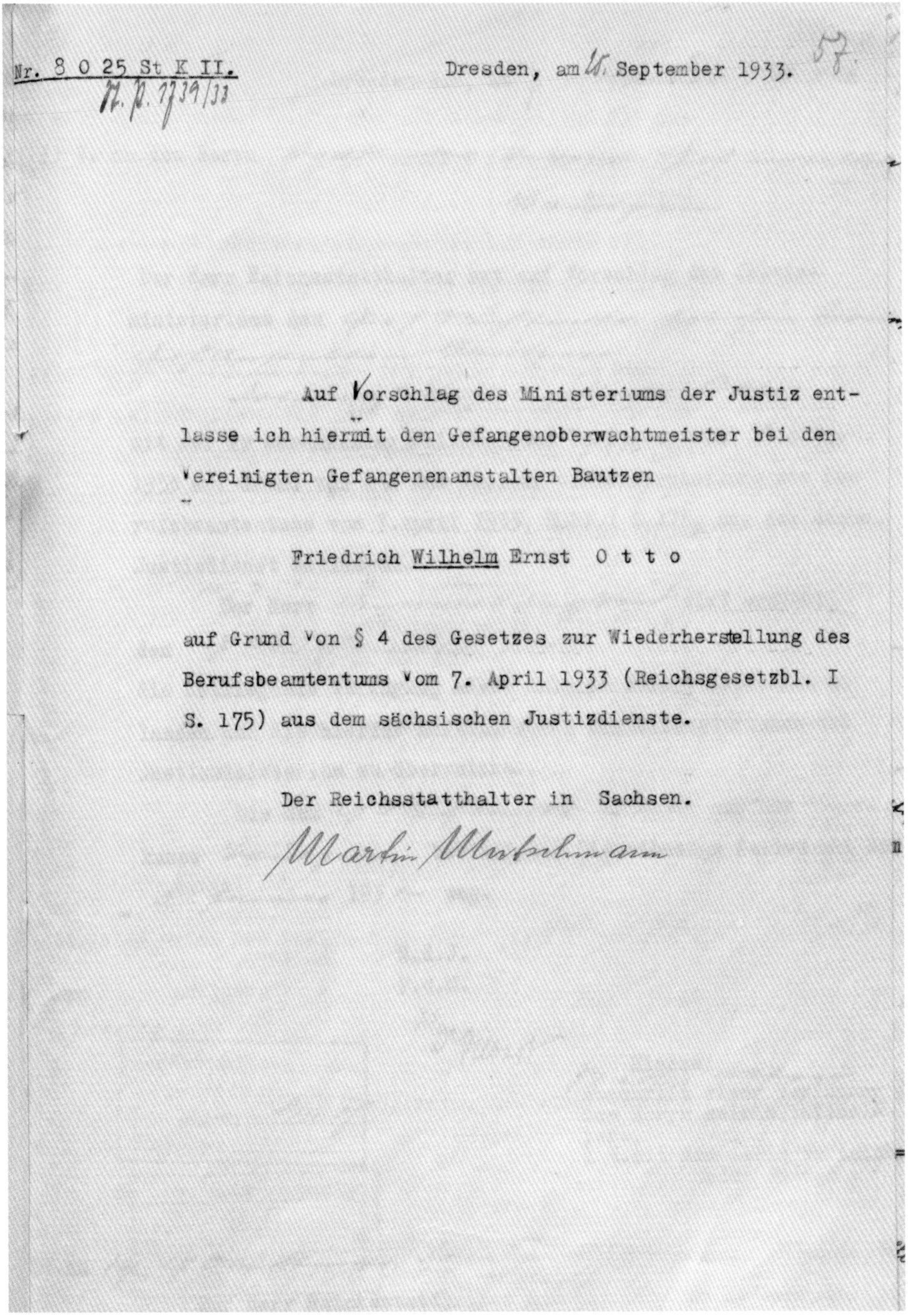

Nr. 8 0 25 St K II.　　　　Dresden, am 16. September 1933.　　57
M. P. 7739/33

Auf Vorschlag des Ministeriums der Justiz entlasse ich hiermit den Gefangenoberwachtmeister bei den Vereinigten Gefangenenanstalten Bautzen

Friedrich Wilhelm Ernst O t t o

auf Grund von § 4 des Gesetzes zur Wiederherstellung des Berufsbeamtentums vom 7. April 1933 (Reichsgesetzbl. I S. 175) aus dem sächsischen Justizdienste.

Der Reichsstatthalter in Sachsen.

Martin Mutschmann

Entlassungsverfügung aus der Personalakte Wilhelm Ottos, 1933
Ein mit Nazis besetzter Ausschuss der Strafanstalt Bautzen bescheinigt Ottos politische Unzuverlässigkeit. Gefängnisdirektor Plischke schlägt dem sächsischen Justizministerium vor, ihn aus dem Dienst zu entfernen.

Hauptstaatsarchiv Dresden

OTTO LANGE (1894–1958)

1934–1944 GEFÄNGNISPFARRER IN BAUTZEN I

Otto Lange mit Familie, um 1936

privat

Lange ist evangelischer Gefängnispfarrer in Bautzen I. Er tritt dem Nationalsozialistischen Evangelischen Pfarrerbund bei und ist förderndes Mitglied der SS.

Der gebürtige Leipziger entscheidet sich für eine geistliche Laufbahn und studiert Theologie. Nach dem Ersten Weltkrieg ist Lange evangelischer Pfarrer in verschiedenen sächsischen Gemeinden. Das evangelische Landeskirchenamt beruft Lange 1934 als Gefängnisseelsorger nach Bautzen. Zunächst betreut er hier die jugendlichen Gefangenen, ab 1938 sämtliche Häftlinge. Lange erzieht die Gefangenen zu Gehorsam und spendet ihnen in der Einzelseelsorge Trost. Im November 1944 wird er zum Kriegsdienst eingezogen und leitet ein Arbeitslager mit sowjetischen Kriegsgefangenen in Bautzen-Kleinwelka. Wegen dieser Tätigkeit interniert ihn der sowjetische Geheimdienst von 1946 bis 1950 im Speziallager Bautzen, das nun in Bautzen I eingerichtet ist. Nach seiner Entlassung arbeitet er bis 1954 als Pfarrer in der Bautzener St.-Petri-Gemeinde.

19.	Äußerung über Befähigung, dienstliche Leistungen und Führung, Charakter, politische Zuverlässigkeit

Gut befähigt. Besitzt großes Verständnis für die Besonderheiten des Berufs des Gefängnisgeistlichen, zeichnet sich durch Fleiß und ernsten Eifer aus. Läßt sich die im Strafvollzug besonders wichtige Einzelseelsorge sehr angelegen sein. Betreut in der Landesgefangenenanstalt Bautzen die Abteilungen für erstbestrafte und für vorbestrafte Jungmänner (18 - 21 Jahre alt) und zeigt in der Behandlung dieser Altersgruppen ausgezeichnetes Geschick.
Führung ohne Tadel.
Charakterlich einwandfrei.
Jn politischer Hinsicht zuverlässig.

Von hier aus bisher keine besonderen Wahrnehmungen.

Der Generalstaatsanwalt.

Auszug aus der Personalakte von Otto Lange, 1938
Mit Lange ist die Position des Gefängnisseelsorgers im Sinne der politischen und ideologischen Ziele der NS-Diktatur gut besetzt.

Bundesarchiv Berlin-Lichterfelde

Ansichten Bautzen I

Zum Internationalen Strafkongress 1935 wird Bautzen I als Musteranstalt präsentiert. Es entsteht eine umfangreiche Dokumentation über das Gefängnis mit inszenierten Fotos.

Fotos: Hauptstaatsarchiv Dresden

Gefängnisanlage Bautzen I

Männerzellenhaus (Westflügel)

Kojenschlafsaal der erstbestraften jungen Gefangenen

Unterstufenzelle

Turnergruppe der erstbestraften jungen Gefangenen

Ordnungsübungen der vorbestraften jungen Gefangenen

Baracke für Kokosarbeiten – Arbeitsraum Gegenseite

Verfolgung politischer Gegner

Die Nationalsozialisten bekämpfen Gegner mit Terror und Gewalt. In der ersten Phase der Machtsicherung sind es vor allem Sozialdemokraten und Kommunisten, die politisch ausgeschaltet werden. Die Justiz stellt sich mehrheitlich in den Dienst des Regimes und verurteilt unzählige NS-Gegner zu Gefängnis- und Zuchthausstrafen.

Ab 1933 werden viele Menschen jedoch auch ohne Gerichtsverfahren oder sonstige Mitwirkung der Justiz in Gewahrsam genommen. Die Polizei arbeitet mit Schlägertrupps der SA zusammen, die überall im Reich provisorische Haftstätten einrichtet. Ende April 1933 eröffnet die Bautzener SA auf dem stillgelegten Betriebsgelände des Kupferhammers ein frühes KZ. Auch im städtischen Gefangenenhaus und sogar in Bautzen II sind Schutzhäftlinge eingesperrt. Die Gefängnisleitung toleriert es, dass SA-Angehörige hier Gefangene vernehmen, inhaftieren und zum Teil schwer misshandeln.

KURT MICKEL (1903 – 1984)

1933 – 1935 SCHUTZHÄFTLING
IM KZ KUPFERHAMMER UND IN BAUTZEN II
STRAFGEFANGENER IN BAUTZEN I

Kurt Mickel mit Familie, 1942

privat

Die Bautzener SA nimmt Kurt Mickel 1933 in Schutzhaft und misshandelt ihn schwer. Weil er seine Tätigkeit für die ab 1933 verbotene Kommunistische Partei Deutschlands (KPD) fortsetzt, wird er in Bautzen I eingesperrt.

Der Schlosser Kurt Mickel ist seit 1923 in der KPD aktiv. Er gehört zu den Ersten aus der Bautzener Region, die von den Nationalsozialisten verfolgt werden. Im März 1933 sperren sie ihn als Schutzhäftling in das Bautzener KZ Kupferhammer. Trotzdem ist Mickel nach seiner Entlassung weiter für die KPD tätig: Er verkauft im Untergrund hergestellte kommunistische Zeitungen und kassiert Parteibeiträge. Im Oktober 1933 wird er von der SA erneut als Schutzhäftling festgesetzt – dieses Mal im Gefängnis Bautzen II, wo ihn der Bautzener SA-Sturmführer Erich Schmoller brutal tritt und mit dem Gummiknüppel schlägt.

Die SA überführt Mickel in das KZ Hohnstein. Dort wird er erneut misshandelt. Das Bautzener Landgericht verurteilt ihn wegen der Tätigkeiten für die KPD zu einem Jahr Gefängnis.

Nach dem Krieg ist Mickel weiter parteipolitisch aktiv. Ab 1953 arbeitet er für zwei Jahre als Oberwachtmeister sogar dort, wo er einst gefoltert worden war – im Gefängnis Bautzen II.

Kurt Mickel (2. v. r.) mit Mitgliedern des KPD-nahen Sportverbandes »Rotsport«, um 1932

privat

Erich Schmoller, SA-Personalkartei, 1933
Der SA-Sturmführer Erich Schmoller ist ab März 1933 Leiter des Bautzener Konzentrationslagers Kupferhammer. Dort hat er das Kommando über die inhaftierten politischen Gegner – einer davon ist der Kommunist Kurt Mickel. Nach der Schließung arbeitet Schmoller als Hilfspolizist und ist bei Vernehmungen von Schutzhäftlingen in Bautzen II dabei. Er prügelt die Gefangenen mit dem Knüppel und tritt auf sie ein. Schmoller muss sich nie für seine Taten vor Gericht verantworten.

Bundesarchiv Berlin-Lichterfelde

Konzentrationslager Kupferhammer Bautzen, 1933
Auf einem ehemaligen Fabrikgelände betreibt die Bautzener SA von April bis Juni 1933 ein frühes KZ. Dort werden etwa 400 politische Gegner inhaftiert. Das inszenierte Gruppenfoto mit Schutzhäftlingen, SA-Wachmännern und einem Polizisten verschleiert den wirklichen Lageralltag voller Terror und Gewalt.

Archiv JVA Bautzen

MARTIN NEUMANN (1900–1990)

MĚRĆIN NOWAK-NJECHORŃSKI

1933 SCHUTZHAFT IM STÄDTISCHEN GEFANGENEN- UND BESSERUNGSHAUS IN DER ÄUSSEREN LAUENSTRASSE UND UNTERSUCHUNGSHAFT IN BAUTZEN II

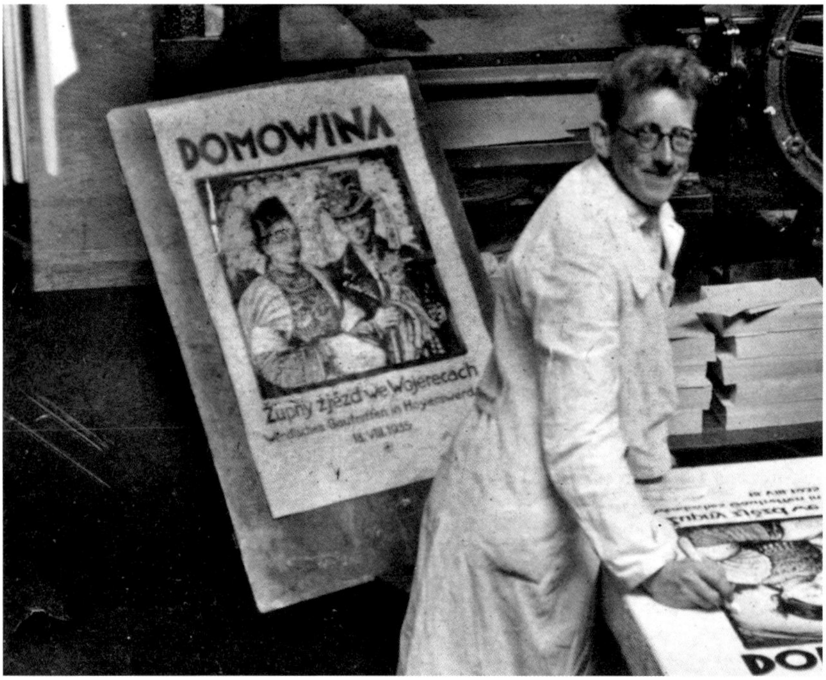

Martin Neumann in der Druckerwerkstatt, März 1933

Sorbisches Kulturarchiv Bautzen

In der NS-Zeit hat Neumann für seine regimekritischen Artikel und Reportagen mehrfach Sanktionen zu erdulden. Als Redakteur der sorbischen Tageszeitung Serbske Nowiny wird er entfernt und mehrere Wochen in Schutzhaft genommen.

Der sorbische Künstler und Autor Martin Neumann steht unter besonderer Beobachtung der lokalen Behörden. Seine Artikel werden regelmäßig aus dem Sorbischen übersetzt und auf staatsfeindliche Inhalte kontrolliert. Als er in den Serbske Nowiny die deutsche Sprache mit dem Quaken von Fröschen vergleicht, wird er Ende April 1933 verhaftet und kommt mit fünf weiteren Redakteuren in Schutzhaft.

Die Zeitung wird für acht Tage verboten. Neumann wird jedes schriftstellerische und künstlerische Wirken in der Öffentlichkeit verboten. Dennoch schreibt er für eine polnische Monatszeitschrift in Berlin und veröffentlicht unter falschem Namen weitere Artikel in den Serbske Nowiny.

Nach Kriegsende übernimmt Neumann die Redaktion der Zeitung Nova Doba und übersetzt slawischsprachige Texte. Für seine Illustrationen und Darstellungen des sorbischen Lebens ist er hochgeschätzt. Sein Geburts- und Wohnhaus in Nechern/Njechorń ist heute als Museum zu besichtigen.

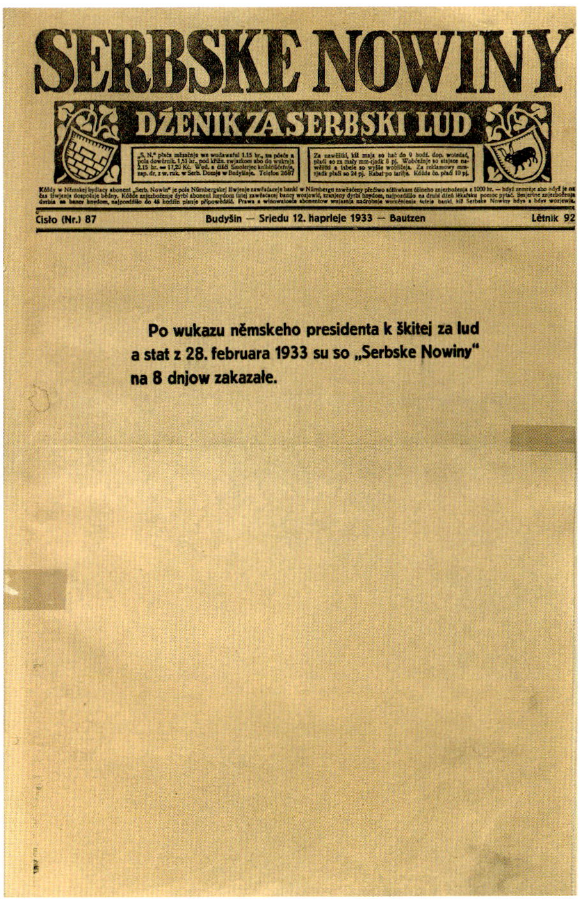

SERBSKE NOWINY

DŹENIK ZA SERBSKI LUD

Čisło (Nr.) 87 — Budyšin — Srjedu 12. hapreje 1933 — Bautzen — Lětnik 92

Po wukazu němskeho presidenta k škitej za lud a stat z 28. februara 1933 su so „Serbske Nowiny" na 8 dnjow zakazałe.

Serbske Nowiny, 12. April 1933
»Nach der Verordnung des Reichspräsidenten zum Schutz von Volk und Staat vom 28. Februar 1933 ist die sorbische Zeitung Serbske Nowiny für 8 Tage verboten.« (Übersetzung)

Die nächste Ausgabe der Zeitung, schon unter neuer redaktioneller Leitung, erscheint tatsächlich erst am 20. April zum 44. Geburtstag des Reichskanzlers Adolf Hitler.

Sorbisches Kulturarchiv Bautzen

Durchschlag!   Dresden, am   11. April   1933

268

An

den S t a d t r a t

III: 118 – 35/33

zu B a u t z e n.

Die in Bautzen erscheinende wendische Tageszeitung „Serbske Nowiny" wird auf Grund der Verordnung des Reichspräsidenten zum Schutze von Volk und Staat vom 28. Februar 1933 – Reichsgesetzbl. S. 83 – mit sofortiger Wirkung auf die Dauer von 8 Tagen verboten.

Das Verbot erfolgt auf Grund eines in Nr. 44 der genannten Tageszeitung vom 21. Februar 1933 erschienenen Artikels des Maler Martin N e u m a n n in Nechern, der geeignet ist, die öffentliche Ordnung und Sicherheit zu gefährden. In diesem Artikel wird das Deutschtum durch die Behauptung verächtlich gemacht, daß die Deutschen in Pressburg sich aus Juden und „Krakselhubern" zusammensetzen. Das Idiom der Juden (das Jiddische) wird als eine deutsche Mundart und die Namen, welche die Juden führen, werden ironisch als „schöne deutsche Namen" bezeichnet. Auch durch die Bezeichnung der aus Österreich eingewanderten Deutschen als „Krakselhuber" sollen diese in der Achtung herabgesetzt werden. Schliesslich sind auch die Ausserungen über die deutsche Sprache, die in Pressburg gesprochen wird, ironisch gemeint. Durch den Vergleich dieser Sprache mit dem „Quaken eines Teichfrosches"

Verfügung der Kreishauptmannschaft Dresden-Bautzen, April 1933
Die deutschen Behörden verbieten die sorbische Tageszeitung Serbske Nowiny wegen angeblicher Gefährdung der öffentlichen Ordnung und Sicherheit.

Staatsfilialarchiv Bautzen

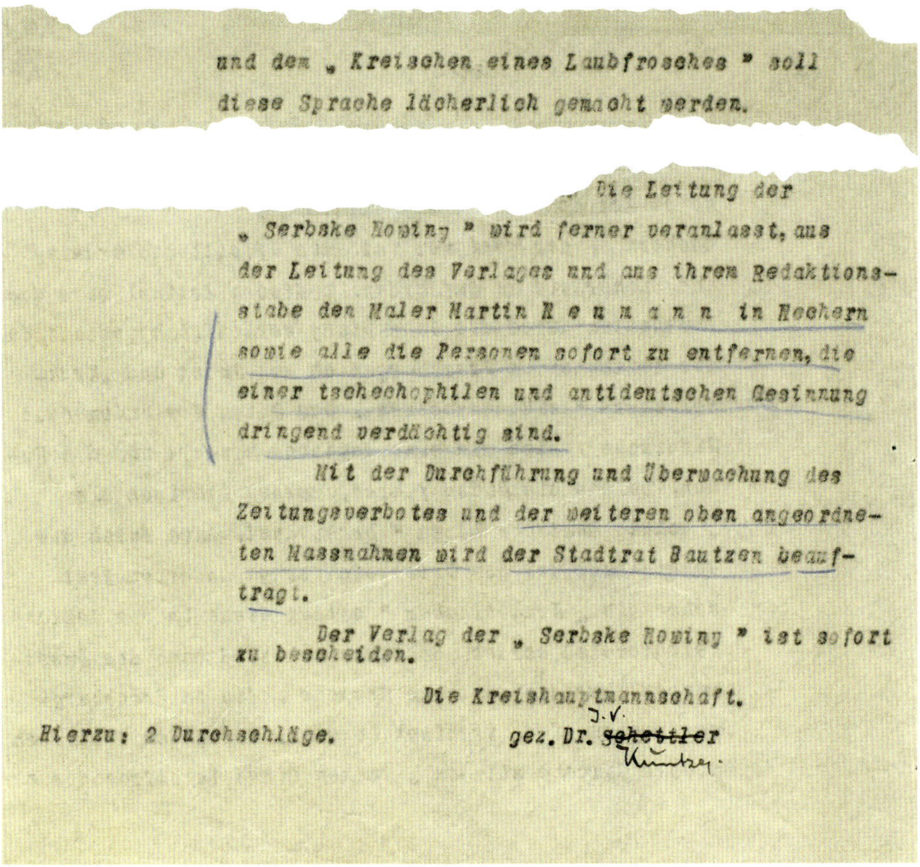

und dem „Kreischen eines Laubfrosches" soll diese Sprache lächerlich gemacht werden.

... Die Leitung der „Serbske Nowiny" wird ferner veranlasst, aus der Leitung des Verlages und aus ihrem Redaktionsstabe den Maler Martin N e u m a n n in Hochern sowie alle die Personen sofort zu entfernen, die einer tschechophilen und antideutschen Gesinnung dringend verdächtig sind.

Mit der Durchführung und Überwachung des Zeitungsverbotes und der weiteren oben angeordneten Massnahmen wird der Stadtrat Bautzen beauftragt.

Der Verlag der „Serbske Nowiny" ist sofort zu bescheiden.

Die Kreishauptmannschaft.
J.V.
gez. Dr. ~~Schettler~~ Kuntze.

Hierzu: 2 Durchschläge.

ALFRED GOCHT (1914 – UNBEKANNT)

1949 FÜR TOT ERKLÄRT

1933 – 1934 UNTERSUCHUNGSGEFANGENER
IN BAUTZEN II, STRAFGEFANGENER IN BAUTZEN I

Alfred Gocht (Mitte) mit Freunden, vor 1933
Die Holzbude wird auf Betreiben der Polizei abgerissen.

Staatsfilialarchiv Bautzen

Bei Alfred Gocht findet die Polizei 1933 eine getarnte sozialdemokratische Druckschrift, die sich gegen das NS-Regime richtet. Er muss deshalb für ein halbes Jahr ins Gefängnis.

Gocht zählt zu einem Freundeskreis von jungen Männern, die sich aus der sozialdemokratischen Arbeiterbewegung kennen. In einer Holzhütte bei Neugersdorf/Oberlausitz treffen sie sich zum Kartenspielen und Skifahren. Im Oktober 1933 informieren misstrauische Anwohner die Polizei. Kurz darauf stürmen SA-Angehörige den Treff und die Polizei rückt zur Durchsuchung an. In der Holzbude findet sie Fotografien, eine selbstgefertigte Anleitung für Geheimschriftzeichen und bei Gocht die SPD-Broschüre. Ihm wird vorgeworfen, den Inhalt an seine Freunde weiterverbreitet zu haben. Ende 1933 verurteilt ihn das Landgericht Bautzen wegen Verstoßes wider das Gesetz gegen die Neubildung von Parteien. Über sein weiteres Leben ist nichts bekannt.

Getarnte Broschüre der SPD, 1933
Im Juni 1933 wird die SPD von den Nationalsozialisten verboten. Die Parteiführung arbeitet im Exil weiter, anfangs in Prag. Sie informiert ihre Anhänger in Deutschland mit äußerlich getarnten Broschüren über die Situation in Deutschland und ruft zum Widerstand auf.

Staatsfilialarchiv Bautzen

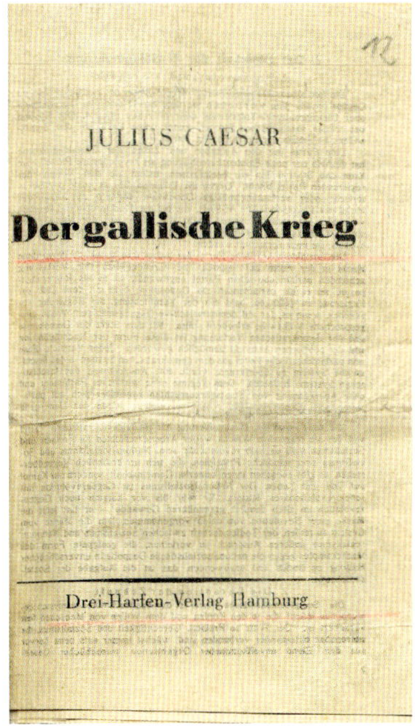

12

JULIUS CAESAR

Der gallische Krieg

Drei-Harfen-Verlag Hamburg

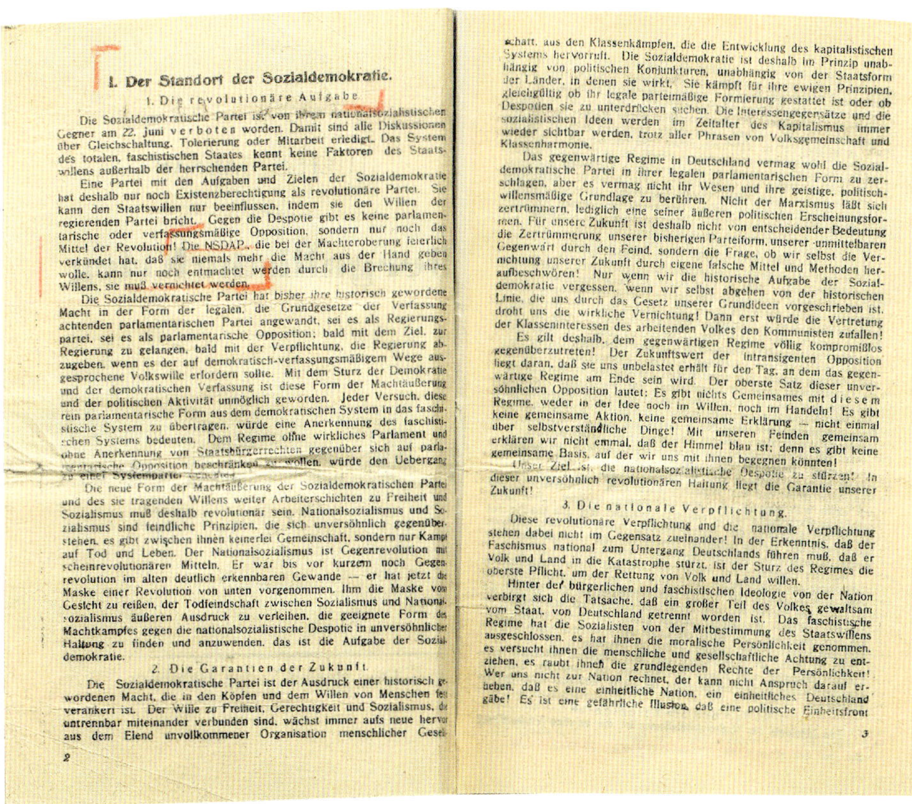

I. Der Standort der Sozialdemokratie.

1. Die revolutionäre Aufgabe.

Die Sozialdemokratische Partei ist von ihrem nationalsozialistischen Gegner am 22. juni verboten worden. Damit sind alle Diskussionen über Gleichschaltung, Tolerierung oder Mitarbeit erledigt. Das System des totalen, faschistischen Staates kennt keine Faktoren des Staatswillens außerhalb der herrschenden Partei.

Eine Partei mit den Aufgaben und Zielen der Sozialdemokratie hat deshalb nur noch Existenzberechtigung als revolutionäre Partei. Sie kann den Staatswillen nur beeinflussen, indem sie den Willen der regierenden Partei bricht. Gegen die Despotie gibt es keine parlamentarische oder verfassungsmäßige Opposition, sondern nur noch das Mittel der Revolution! Die NSDAP., die bei der Machteroberung feierlich verkündet hat, daß sie niemals mehr die Macht aus der Hand geben wolle, kann nur noch entmachtet werden durch die Brechung ihres Willens, sie muß vernichtet werden.

Die Sozialdemokratische Partei hat bisher ihre historisch gewordene Macht in der Form der legalen, die Grundgesetze der Verfassung achtenden parlamentarischen Partei angewandt, sei es als Regierungspartei, sei es als parlamentarische Opposition; bald mit dem Ziel, zur Regierung zu gelangen, bald mit der Verpflichtung, die Regierung abzugeben, wenn es der auf demokratisch-verfassungsmäßigem Wege ausgesprochene Volkswille erfordern sollte. Mit dem Sturz der Demokratie und der demokratischen Verfassung ist diese Form der Machtäußerung und der politischen Aktivität unmöglich geworden. Jeder Versuch, diese rein parlamentarische Form aus dem demokratischen System in das faschistische System zu übertragen, würde eine Anerkennung des faschistischen Systems bedeuten. Dem Regime ohne wirkliches Parlament und ohne Anerkennung von Staatsbürgerrechten gegenüber sich auf parlamentarische Opposition beschränken zu wollen, würde den Uebergang zu einer Systempartei [illegible]

Die neue Form der Machtäußerung der Sozialdemokratischen Partei und des sie tragenden Willens weiter Arbeiterschichten zu Freiheit und Sozialismus muß deshalb revolutionär sein. Nationalsozialismus und Sozialismus sind feindliche Prinzipien, die sich unversöhnlich gegenüberstehen, es gibt zwischen ihnen keinerlei Gemeinschaft, sondern nur Kampf auf Tod und Leben. Der Nationalsozialismus ist Gegenrevolution mit scheinrevolutionären Mitteln. Er war bis vor kurzem noch Gegenrevolution im alten deutlich erkennbaren Gewande — er hat jetzt die Maske einer Revolution von unten vorgenommen. Ihm die Maske vom Gesicht zu reißen, der Todfeindschaft zwischen Sozialismus und Nationalsozialismus äußeren Ausdruck zu verleihen, die geeignete Form des Machtkampfes gegen die nationalsozialistische Despotie in unversöhnlicher Haltung zu finden und anzuwenden, das ist die Aufgabe der Sozialdemokratie.

2. Die Garantien der Zukunft.

Die Sozialdemokratische Partei ist der Ausdruck einer historisch gewordenen Macht, die in den Köpfen und dem Willen von Menschen fest verankert ist. Der Wille zu Freiheit, Gerechtigkeit und Sozialismus, die untrennbar miteinander verbunden sind, wächst immer aufs neue hervor aus dem Elend unvollkommener Organisation menschlicher Gesellschaft, aus den Klassenkämpfen, die die Entwicklung des kapitalistischen Systems hervorruft. Die Sozialdemokratie ist deshalb im Prinzip unabhängig von politischen Konjunkturen, unabhängig von der Staatsform der Länder, in denen sie wirkt. Sie kämpft für ihre ewigen Prinzipien, gleichgültig ob ihr legale parteimäßige Formierung gestattet ist oder ob Despotien sie zu unterdrücken suchen. Die Interessengegensätze und die sozialistischen Ideen werden im Zeitalter des Kapitalismus immer wieder sichtbar werden, trotz aller Phrasen von Volksgemeinschaft und Klassenharmonie.

2

Das gegenwärtige Regime in Deutschland vermag wohl die Sozialdemokratische Partei in ihrer legalen parlamentarischen Form zu zerschlagen, aber es vermag nicht ihr Wesen und ihre geistige, politisch-willensmäßige Grundlage zu berühren. Nicht der Marxismus läßt sich zertrümmern, lediglich eine seiner äußeren politischen Erscheinungsformen. Für unsere Zukunft ist deshalb nicht von entscheidender Bedeutung die Zertrümmerung unserer bisherigen Parteiform, unserer unmittelbaren Gegenwart durch den Feind, sondern die Frage, ob wir selbst die Vernichtung unserer Zukunft durch eigene falsche Mittel und Methoden heraufbeschwören! Nur wenn wir die historische Aufgabe der Sozialdemokratie vergessen, wenn wir selbst abgehen von der historischen Linie, die uns durch das Gesetz unserer Grundideen vorgeschrieben ist, droht uns die wirkliche Vernichtung! Dann erst würde die Vertretung der Klasseninteressen des arbeitenden Volkes den Kommunisten zufallen!

Es gilt deshalb, dem gegenwärtigen Regime völlig kompromißlos gegenüberzutreten! Der Zukunftswert der intransigenten Opposition liegt daran, daß sie uns unbelastet erhält für den Tag, an dem das gegenwärtige Regime am Ende sein wird. Der oberste Satz dieser unversöhnlichen Opposition lautet: Es gibt nichts Gemeinsames mit diesem Regime, weder in der Idee noch im Willen, noch im Handeln! Es gibt keine gemeinsame Aktion, keine gemeinsame Erklärung — nicht einmal über selbstverständliche Dinge! Mit unseren Feinden gemeinsam erklären wir nicht einmal, daß der Himmel blau ist; denn es gibt keine gemeinsame Basis, auf der wir uns mit ihnen begegnen könnten!

Unser Ziel ist, die nationalsozialistische Despotie zu stürzen! In dieser unversöhnlich revolutionären Haltung liegt die Garantie unserer Zukunft!

3. Die nationale Verpflichtung.

Diese revolutionäre Verpflichtung und die nationale Verpflichtung stehen dabei nicht im Gegensatz zueinander! In der Erkenntnis, daß der Faschismus national zum Untergang Deutschlands führen muß, daß er Volk und Land in die Katastrophe stürzt, ist der Sturz des Regimes die oberste Pflicht, um der Rettung von Volk und Land willen.

Hinter der bürgerlichen und faschistischen Ideologie von der Nation verbirgt sich die Tatsache, daß ein großer Teil des Volkes gewaltsam vom Staat, von Deutschland getrennt worden ist. Das faschistische Regime hat die Sozialisten von der Mitbestimmung des Staatswillens ausgeschlossen, es hat ihnen die moralische Persönlichkeit genommen, es versucht ihnen die menschliche und gesellschaftliche Achtung zu entziehen, es raubt ihnen die grundlegenden Rechte der Persönlichkeit! Wer uns nicht zur Nation rechnet, der kann nicht Anspruch darauf erheben, daß es eine einheitliche Nation, ein einheitliches Deutschland gäbe! Es ist eine gefährliche Illusion, daß eine politische Einheitsfront

3

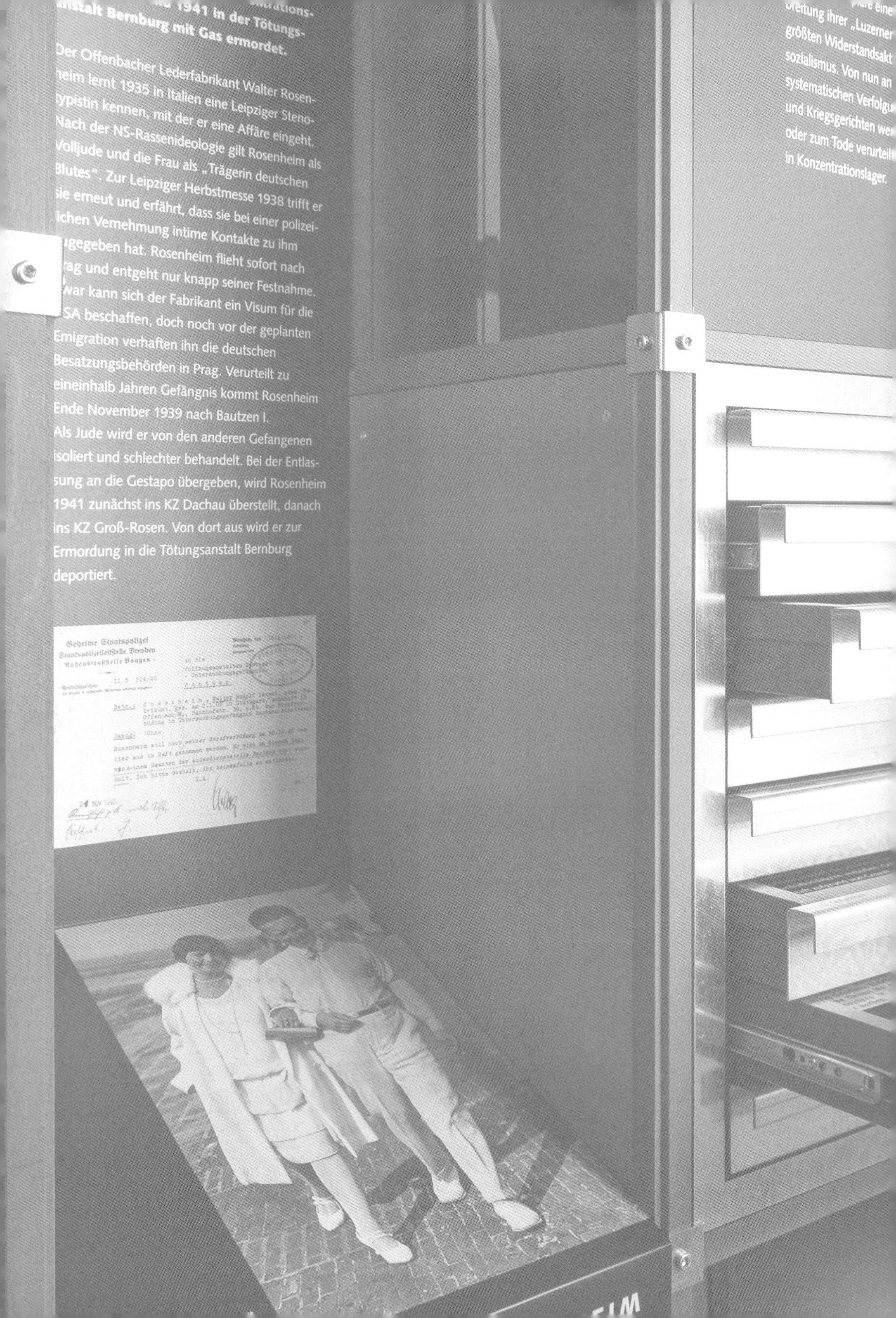
1941 in der Tötungs-
Bernburg mit Gas ermordet.
Der Offenbacher Lederfabrikant Walter Rosen-
heim lernt 1935 in Italien eine Leipziger Steno-
typistin kennen, mit der er eine Affäre eingeht.
Nach der NS-Rassenideologie gilt Rosenheim als
Volljude und die Frau als „Trägerin deutschen
Blutes“. Zur Leipziger Herbstmesse 1938 trifft er
sie erneut und erfährt, dass sie bei einer polizei-
ichen Vernehmung intime Kontakte zu ihm
ugegeben hat. Rosenheim flieht sofort nach
rag und entgeht nur knapp seiner Festnahme.
war kann sich der Fabrikant ein Visum für die
SA beschaffen, doch noch vor der geplanten
Emigration verhaften ihn die deutschen
Besatzungsbehörden in Prag. Verurteilt zu
eineinhalb Jahren Gefängnis kommt Rosenheim
Ende November 1939 nach Bautzen I.
Als Jude wird er von den anderen Gefangenen
isoliert und schlechter behandelt. Bei der Entlas-
sung an die Gestapo übergeben, wird Rosenheim
1941 zunächst ins KZ Dachau überstellt, danach
ins KZ Groß-Rosen. Von dort aus wird er zur
Ermordung in die Tötungsanstalt Bernburg
deportiert.
Geheime Staatspolizei
Staatspolizeileitstelle Dresden
Außendienststelle Bautzen
breitung ihrer „Luzerner
größten Widerstandsakt
sozialismus. Von nun an
systematischen Verfolgu
und Kriegsgerichten wer
oder zum Tode verurteil
in Konzentrationslager.

1934–1939
Ausweitung der Verfolgung

Nachdem die Nationalsozialisten den Großteil ihrer politischen Gegner ausgeschaltet und ihre Macht gefestigt haben, bringen sie neue Gefangenengruppen in die Bautzener Gefängnisse: Wer nicht dem Ideal der nationalsozialistischen »Volksgemeinschaft« entspricht, wird aus der Gesellschaft ausgeschlossen und verfolgt.

Aufgrund zahlreicher Sondergesetze kommen Juden, Zeugen Jehovas und homosexuelle Männer ins Gefängnis. Kleinkriminelle gelten als minderwertige »Asoziale«. Mehrfach Verurteilte werden als gefährliche Gewohnheitsverbrecher in dauerhafte Sicherungsverwahrung genommen. Vor allem die als gemeinschaftsfremd eingestuften Gefangenen bekommen die volle Brutalität des nationalsozialistischen Strafvollzugs zu spüren.

Verfolgung jüdischer Bürger

Das Naziregime überzieht jüdische Bürger von Anfang an mit Schikanen, die sich später zum puren Terror wandeln und an deren Ende die organisierte Ermordung steht.

Im September 1935 wird auf dem Reichsparteitag der NSDAP in Nürnberg das »Gesetz zum Schutze des deutschen Blutes und der deutschen Ehre« verkündet. Dieser auch als »Blutschutzgesetz« bezeichnete Teil der Nürnberger Gesetze ist Ausdruck der nationalsozialistischen Rassenideologie. Es soll verhindert werden, dass die als minderwertig bezeichneten Juden mit sogenannten Ariern gemeinsame Nachkommen zeugen. Unter anderem verbietet das Gesetz Eheschließungen sowie außerehelichen Geschlechtsverkehr zwischen Juden und Staatsangehörigen »deutschen oder artverwandten Blutes«. Kommt es dennoch zu sexuellen Handlungen, so wird nur der daran beteiligte Mann als Rassenschänder bezeichnet und mit Zuchthaus oder Gefängnis bestraft.

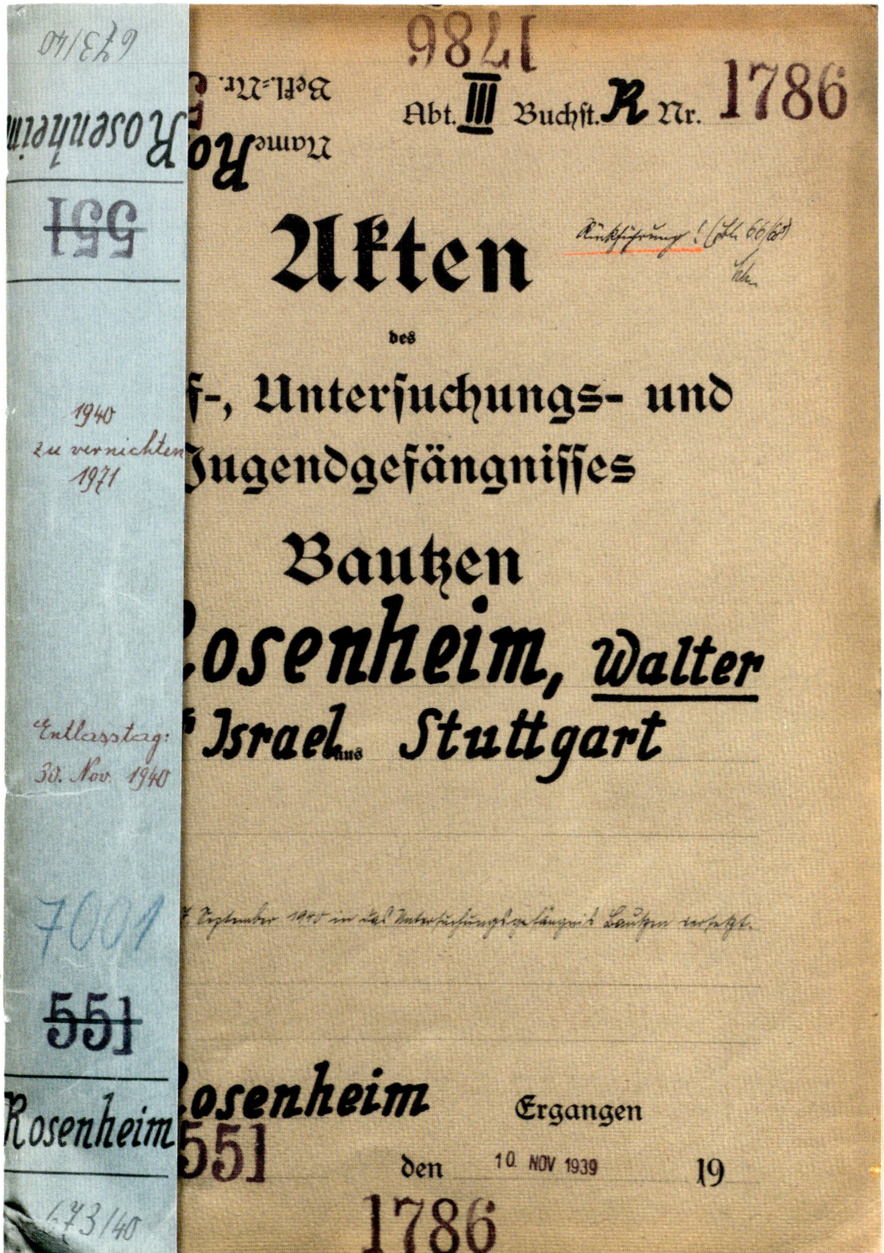
673/40
Rosenheim
551
1940
zu vernichten
1971
Entlasstag:
30. Nov. 1940
7001
551
Rosenheim
673/40

1786
Abt. III Buchst. R Nr. 1786
Akten
des
-, Untersuchungs- und
Jugendgefängnisses
Bautzen
Rosenheim, Walter
Israel aus Stuttgart
Rosenheim
551
Ergangen
den 10 NOV 1939 19
1786

Haftakte über Walter Rosenheim, 1939
Ab Juni 1939 werden jüdische Deutsche anhand zusätzlicher Vornamen kenntlich gemacht: Frauen mit dem Namen »Sara«, Männer mit »Israel«.

Hauptstaatsarchiv Dresden

WALTER ROSENHEIM (1902 – 1941)

1939 – 1940 STRAFGEFANGENER IN BAUTZEN I UND II

Walter Rosenheim
mit seiner Ehefrau Anni, um 1930

privat

Der Jude Walter Rosenheim hat eine Liebesbeziehung zu einer Nichtjüdin. Er wird deswegen 1939 verurteilt. Nach Verbüßung seiner Gefängnisstrafe wird er in verschiedene Konzentrationslager verlegt und 1941 in der Tötungsanstalt Bernburg mit Gas ermordet.

Der Offenbacher Lederfabrikant Walter Rosenheim lernt 1935 in Italien eine Leipziger Stenotypistin kennen, mit der er eine Affäre eingeht. Nach der NS-Rassenideologie gilt Rosenheim als Volljude und die Frau als »Trägerin deutschen Blutes«. Zur Leipziger Herbstmesse 1938 trifft er sie erneut und erfährt, dass sie bei einer polizeilichen Vernehmung intime Kontakte zu ihm zugegeben hat. Rosenheim flieht sofort nach Prag und entgeht nur knapp seiner Festnahme.

Zwar kann sich der Fabrikant ein Visum für die USA beschaffen, doch noch vor der geplanten Emigration verhaften ihn die deutschen Besatzungsbehörden in Prag. Verurteilt zu eineinhalb Jahren Gefängnis kommt Rosenheim Ende November 1939 nach Bautzen I.

Als Jude wird er von den anderen Gefangenen isoliert und schlechter behandelt. Bei der Entlassung an die Gestapo übergeben, wird Rosenheim 1941 zunächst ins KZ Dachau überstellt, danach ins KZ Groß-Rosen. Von dort aus wird er zur Ermordung in die Tötungsanstalt Bernburg deportiert.

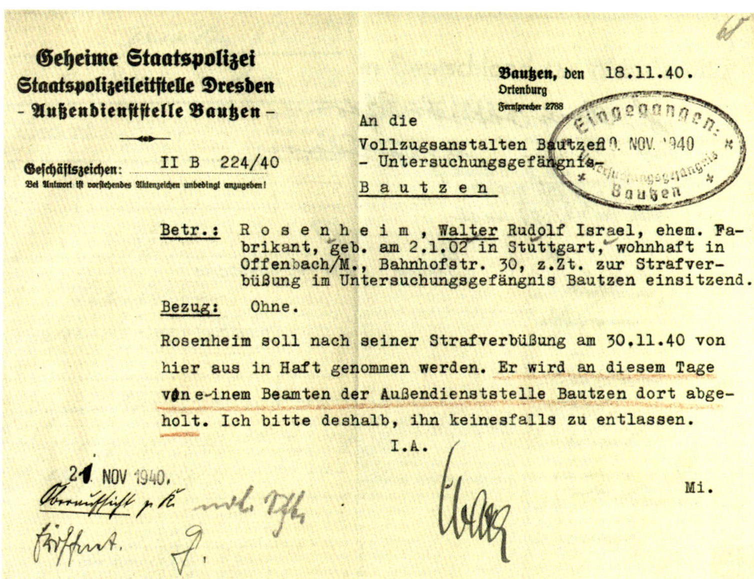

Geheime Staatspolizei
Staatspolizeileitstelle Dresden
- Außendienststelle Bautzen -

Geschäftszeichen: II B 224/40
Bei Antwort ist vorstehendes Aktenzeichen unbedingt anzugeben!

Bautzen, den 18.11.40.
Ortenburg
Fernsprecher 2788

An die
Vollzugsanstalten Bautzen
- Untersuchungsgefängnis -
B a u t z e n

Eingegangen: 20. NOV. 1940

Betr.: R o s e n h e i m , Walter Rudolf Israel, ehem. Fabrikant, geb. am 2.1.02 in Stuttgart, wohnhaft in Offenbach/M., Bahnhofstr. 30, z.Zt. zur Strafverbüßung im Untersuchungsgefängnis Bautzen einsitzend.

Bezug: Ohne.

Rosenheim soll nach seiner Strafverbüßung am 30.11.40 von hier aus in Haft genommen werden. Er wird an diesem Tage von e-inem Beamten der Außendienststelle Bautzen dort abgeholt. Ich bitte deshalb, ihn keinesfalls zu entlassen.

I.A.

Mi.

21. NOV 1940.

Schreiben der Gestapo Bautzen aus der Gefangenenakte Rosenheims, 1940
Auch aus dem Gefängnis heraus bemüht sich Walter Rosenheim verzweifelt um Emigration. Doch es gelingt ihm nicht, Deutschland zu verlassen. Nach der Gefängnisstrafe wird er in KZ-Haft genommen, was sein Todesurteil bedeutet.

Hauptstaatsarchiv Dresden

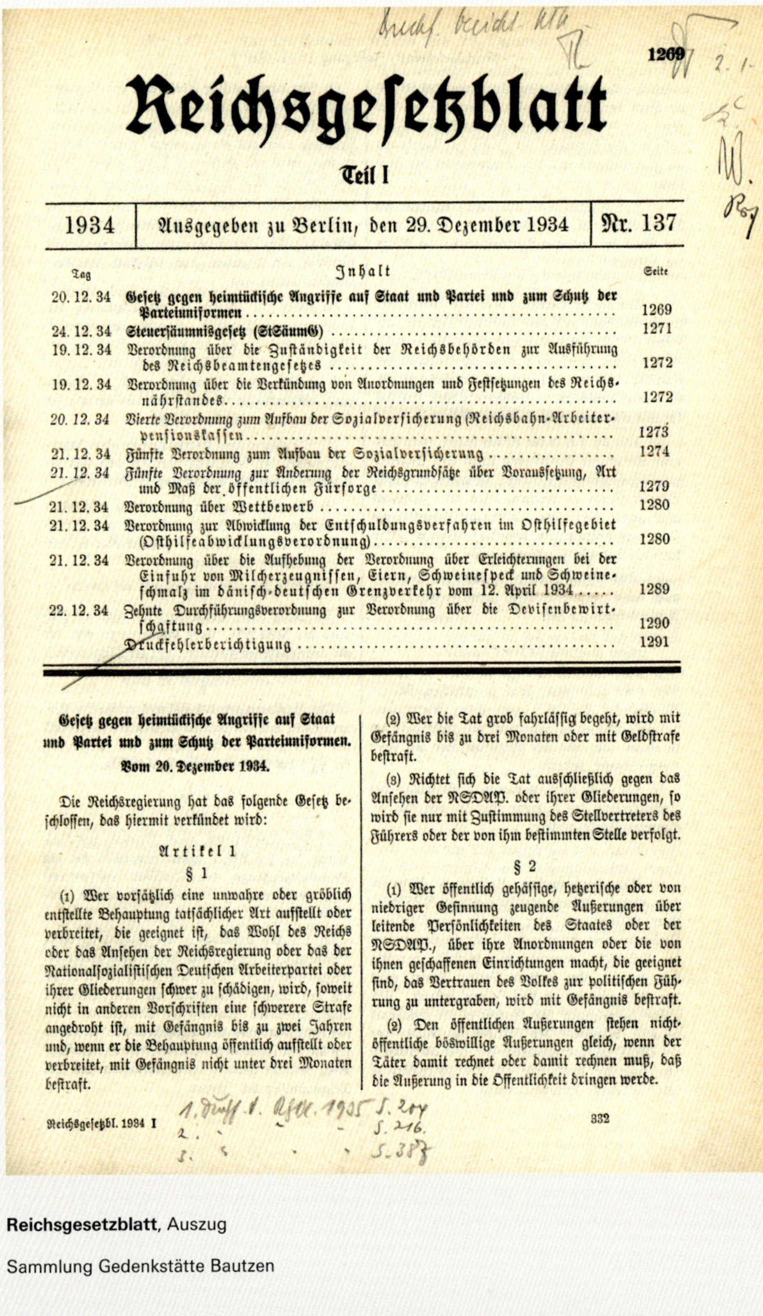

1269

Reichsgesetzblatt

Teil I

1934	Ausgegeben zu Berlin, den 29. Dezember 1934	Nr. 137

Inhalt

Tag		Seite
20. 12. 34	**Gesetz gegen heimtückische Angriffe auf Staat und Partei und zum Schutz der Parteiuniformen**	1269
24. 12. 34	**Steuersäumnisgesetz (StSäumG)**	1271
19. 12. 34	Verordnung über die Zuständigkeit der Reichsbehörden zur Ausführung des Reichsbeamtengesetzes	1272
19. 12. 34	Verordnung über die Verkündung von Anordnungen und Festsetzungen des Reichsnährstandes	1272
20. 12. 34	Vierte Verordnung zum Aufbau der Sozialversicherung (Reichsbahn-Arbeiterpensionskassen	1273
21. 12. 34	Fünfte Verordnung zum Aufbau der Sozialversicherung	1274
21. 12. 34	Fünfte Verordnung zur Änderung der Reichsgrundsätze über Voraussetzung, Art und Maß der öffentlichen Fürsorge	1279
21. 12. 34	Verordnung über Wettbewerb	1280
21. 12. 34	Verordnung zur Abwicklung der Entschuldungsverfahren im Osthilfegebiet (Osthilfeabwicklungsverordnung)	1280
21. 12. 34	Verordnung über die Aufhebung der Verordnung über Erleichterungen bei der Einfuhr von Milcherzeugnissen, Eiern, Schweinespeck und Schweineschmalz im dänisch-deutschen Grenzverkehr vom 12. April 1934	1289
22. 12. 34	Zehnte Durchführungsverordnung zur Verordnung über die Devisenbewirtschaftung	1290
	Druckfehlerberichtigung	1291

Gesetz gegen heimtückische Angriffe auf Staat und Partei und zum Schutz der Parteiuniformen.

Vom 20. Dezember 1934.

Die Reichsregierung hat das folgende Gesetz beschlossen, das hiermit verkündet wird:

Artikel 1

§ 1

(1) Wer vorsätzlich eine unwahre oder gröblich entstellte Behauptung tatsächlicher Art aufstellt oder verbreitet, die geeignet ist, das Wohl des Reichs oder das Ansehen der Reichsregierung oder das der Nationalsozialistischen Deutschen Arbeiterpartei oder ihrer Gliederungen schwer zu schädigen, wird, soweit nicht in anderen Vorschriften eine schwerere Strafe angedroht ist, mit Gefängnis bis zu zwei Jahren und, wenn er die Behauptung öffentlich aufstellt oder verbreitet, mit Gefängnis nicht unter drei Monaten bestraft.

(2) Wer die Tat grob fahrlässig begeht, wird mit Gefängnis bis zu drei Monaten oder mit Geldstrafe bestraft.

(3) Richtet sich die Tat ausschließlich gegen das Ansehen der NSDAP. oder ihrer Gliederungen, so wird sie nur mit Zustimmung des Stellvertreters des Führers oder der von ihm bestimmten Stelle verfolgt.

§ 2

(1) Wer öffentlich gehässige, hetzerische oder von niedriger Gesinnung zeugende Äußerungen über leitende Persönlichkeiten des Staates oder der NSDAP., über ihre Anordnungen oder die von ihnen geschaffenen Einrichtungen macht, die geeignet sind, das Vertrauen des Volkes zur politischen Führung zu untergraben, wird mit Gefängnis bestraft.

(2) Den öffentlichen Äußerungen stehen nichtöffentliche böswillige Äußerungen gleich, wenn der Täter damit rechnet oder damit rechnen muß, daß die Äußerung in die Öffentlichkeit dringen werde.

Reichsgesetzbl. 1934 I 332

Reichsgesetzblatt, Auszug

Sammlung Gedenkstätte Bautzen

1146 Reichsgesetzblatt, Jahrgang 1935, Teil I

Gesetz zum Schutze des deutschen Blutes und der deutschen Ehre.

Vom 15. September 1935.

Durchdrungen von der Erkenntnis, daß die Reinheit des deutschen Blutes die Voraussetzung für den Fortbestand des Deutschen Volkes ist, und beseelt von dem unbeugsamen Willen, die Deutsche Nation für alle Zukunft zu sichern, hat der Reichstag einstimmig das folgende Gesetz beschlossen, das hiermit verkündet wird:

§ 1

(1) Eheschließungen zwischen Juden und Staatsangehörigen deutschen oder artverwandten Blutes sind verboten. Trotzdem geschlossene Ehen sind nichtig, auch wenn sie zur Umgehung dieses Gesetzes im Ausland geschlossen sind.

(2) Die Nichtigkeitsklage kann nur der Staatsanwalt erheben.

Nr. 100 — Tag der Ausgabe: Berlin, den 16. September 1935 1147

§ 2

Außerehelicher Verkehr zwischen Juden und Staatsangehörigen deutschen oder artverwandten Blutes ist verboten.

§ 3

Juden dürfen weibliche Staatsangehörige deutschen oder artverwandten Blutes unter 45 Jahren in ihrem Haushalt nicht beschäftigen.

§ 4

(1) Juden ist das Hissen der Reichs- und Nationalflagge und das Zeigen der Reichsfarben verboten.

(2) Dagegen ist ihnen das Zeigen der jüdischen Farben gestattet. Die Ausübung dieser Befugnis steht unter staatlichem Schutz.

§ 5

(1) Wer dem Verbot des § 1 zuwiderhandelt, wird mit Zuchthaus bestraft.

(2) Der Mann, der dem Verbot des § 2 zuwiderhandelt, wird mit Gefängnis oder mit Zuchthaus bestraft.

(3) Wer den Bestimmungen der §§ 3 oder 4 zuwiderhandelt, wird mit Gefängnis bis zu einem Jahr und mit Geldstrafe oder mit einer dieser Strafen bestraft.

§ 6

Der Reichsminister des Innern erläßt im Einvernehmen mit dem Stellvertreter des Führers und dem Reichsminister der Justiz die zur Durchführung und Ergänzung des Gesetzes erforderlichen Rechts- und Verwaltungsvorschriften.

§ 7

Das Gesetz tritt am Tage nach der Verkündung, § 3 jedoch erst am 1. Januar 1936 in Kraft.

Nürnberg, den 15. September 1935,
am Reichsparteitag der Freiheit.

Der Führer und Reichskanzler
Adolf Hitler

Der Reichsminister des Innern
Frick

Reichsgesetzblatt, Auszug

Sammlung Gedenkstätte Bautzen

§ 175[69])

Unzucht zwischen Männern

Ein Mann, der mit einem anderen Mann Unzucht treibt oder sich von ihm zur Unzucht mißbrauchen läßt, wird mit Gefängnis bestraft.

Bei einem Beteiligten, der zur Zeit der Tat noch nicht einundzwanzig Jahre alt war, kann das Gericht in besonders leichten Fällen von Strafe absehen.

§ 175 a[70])

Schwere Unzucht zwischen Männern

Mit Zuchthaus bis zu zehn Jahren, bei mildernden Umständen mit Gefängnis nicht unter drei Monaten wird bestraft:

1. ein Mann, der einen anderen Mann mit Gewalt oder durch Drohung mit gegenwärtiger Gefahr für Leib oder Leben nötigt, mit ihm Unzucht zu treiben oder sich von ihm zur Unzucht mißbrauchen zu lassen;
2. ein Mann, der einen anderen Mann unter Mißbrauch einer durch ein Dienst-, Arbeits- oder Unterordnungsverhältnis begründeten Abhängigkeit bestimmt, mit ihm Unzucht zu treiben oder sich von ihm zur Unzucht mißbrauchen zu lassen;
3. ein Mann über einundzwanzig Jahre, der eine männliche Person unter einundzwanzig Jahren verführt, mit ihm Unzucht zu treiben oder sich von ihm zur Unzucht mißbrauchen zu lassen;
4. ein Mann, der gewerbsmäßig mit Männern Unzucht treibt oder von Männern sich zur Unzucht mißbrauchen läßt oder sich dazu anbietet.

---

69) In der Fassung von Art. 6 des Ges. v. 28. 6. 1935 (RGBl. I S. 839).

70) Eingefügt durch Art. 6 des Ges. v. 28. 6. 1935 (RGBl. I S. 839).

Strafgesetzbuch, 1935, Auszug
Sammlung Gedenkstätte Bautzen

GEFÄNGNIS UND ZUCHTHAUS, 1937

	GEFÄNGNIS	ZUCHTHAUS
Haftdauer	Mindestmaß: 1 Jahr Höchstmaß: 15 Jahre bzw. lebenslänglich	Mindestmaß: 1 Tag Höchstmaß: 5 Jahre
Ehrenfolgen	Verlust der bürgerlichen Ehrenrechte grundsätzlich möglich (Dauer: 2 bis 10 Jahre) – das bedeutet den Verlust öffentlicher Ämter und Titel, dauernde Wehrunwürdigkeit	Verlust der bürgerlichen Ehrenrechte möglich, wenn mind. Verurteilung zu drei Monaten Haft (Dauer: 1 bis 5 Jahre) – das bedeutet den Verlust öffentlicher Ämter und Titel, Unfähigkeit in Wehrmacht einzutreten usw.
Arbeitszwang	Arbeitszeit: maximal 10 Stunden Kein Recht auf Berücksichtigung »der individuellen Fähigkeiten und Verhältnisse«	Arbeitszeit: maximal 9 Stunden Wenn möglich Beschäftigung der Gefangenen »auf eine ihren Fähigkeiten und Verhältnissen angemessene Weise«
Nahrung	Zusätzliche Nahrung darf erst nach 6 Monaten gekauft werden	Selbstbeköstigung kann gestattet werden
Freizeit	In arbeitsfreier Zeit ist Arbeiten und Spielen verboten Rauchen ist verboten	
Besuche/Post	Besuche alle drei Monate, Briefversand alle zwei Monate	Besuche alle 6 Wochen, Briefversand alle vier Wochen
Hausstrafen	Strenger Arrest als Hausstrafe möglich (Dauer: bis eine Woche – dabei keine Arbeit, kein Freigang, kein Bettlager, nur Wasser und Brot)	Einfacher Arrest als Hausstrafe
Ziel	Ausschluss aus der Volksgemeinschaft	Wiedergewinnung für die Volksgemeinschaft

Nr. 169 — Tag der Ausgabe: 7. September 1939 1683

Verordnung über außerordentliche Rundfunkmaßnahmen.

Vom 1. September 1939.

Im modernen Krieg kämpft der Gegner nicht nur mit militärischen Waffen, sondern auch mit Mitteln, die das Volk seelisch beeinflussen und zermürben sollen. Eines dieser Mittel ist der Rundfunk. Jedes Wort, das der Gegner herübersendet, ist selbstverständlich verlogen und dazu bestimmt, dem deutschen Volke Schaden zuzufügen. Die Reichsregierung weiß, daß das deutsche Volk diese Gefahr kennt, und erwartet daher, daß jeder Deutsche aus Verantwortungsbewußtsein heraus es zur Anstandspflicht erhebt, grundsätzlich das Abhören ausländischer Sender zu unterlassen. Für diejenigen Volksgenossen, denen dieses Verantwortungsbewußtsein fehlt, hat der Ministerrat für die Reichsverteidigung die nachfolgende Verordnung erlassen.

Der Ministerrat für die Reichsverteidigung verordnet für das Gebiet des Großdeutschen Reichs mit Gesetzeskraft:

§ 1

Das absichtliche Abhören ausländischer Sender ist verboten. Zuwiderhandlungen werden mit Zuchthaus bestraft. In leichteren Fällen kann auf Gefängnis erkannt werden. Die benutzten Empfangsanlagen werden eingezogen.

§ 2

Wer Nachrichten ausländischer Sender, die geeignet sind, die Widerstandskraft des deutschen Volkes zu gefährden, vorsätzlich verbreitet, wird mit Zuchthaus, in besonders schweren Fällen mit dem Tode bestraft.

§ 3

Die Bestimmungen dieser Verordnung gelten nicht für Handlungen, die in Ausübung des Dienstes vorgenommen werden.

§ 4

Für die Verhandlungen und Entscheidung bei Zuwiderhandlungen gegen diese Verordnung sind die Sondergerichte zuständig.

§ 5

Die Strafverfolgung auf Grund von §§ 1 und 2 findet nur auf Antrag der Staatspolizeistellen statt.

§ 6

Der Reichsminister für Volksaufklärung und Propaganda erläßt die zur Durchführung dieser Verordnung erforderlichen Rechts- und Verwaltungsvorschriften, und zwar, soweit es sich um Strafvorschriften handelt, im Einvernehmen mit dem Reichsminister der Justiz.

§ 7

Die Verordnung tritt mit ihrer Verkündung in Kraft.

Berlin, den 1. September 1939.

Der Vorsitzende
des Ministerrats für die Reichsverteidigung
Göring
Generalfeldmarschall

Der Stellvertreter des Führers
R. Heß

Der Generalbevollmächtigte für die Reichsverwaltung
Frick

Der Reichsminister und Chef der Reichskanzlei
Dr. Lammers

Verordnung

Reichsgesetzblatt, Auszug
Sammlung Gedenkstätte Bautzen

4.

Jugendgefängnisse
Abteilungen für junge Gefangene

(1) Dem Jugendstrafvollzug dienen besondere Anstalten — Jugendgefängnisse —.

(2) Außerhalb des Jugendstrafvollzuges werden in Strafanstalten und Haftanstalten für Gefangene, die das einundzwanzigste Lebensjahr noch nicht vollendet haben, nach Bedarf besondere Abteilungen eingerichtet; unverdorbene Gefangene können bis zur Vollendung des fünfundzwanzigsten Lebensjahres in der Abteilung für junge Gefangene belassen werden.

27

Zweiter Abschnitt

Behandlung und Verhalten der Gefangenen

Erster Titel

Gemeinsame Vorschriften

I. Allgemeines

48.

Aufgabe des Strafvollzugs

(1) Durch den Vollzug der Freiheitsstrafe soll das Volk geschützt, das begangene Unrecht gesühnt und der Begehung neuer Straftaten vorgebeugt werden.

(2) Vor allem verfolgt der Vollzug das Ziel, durch den Eindruck der Gefangenschaft überhaupt und durch die Gewöhnung an harte, nützliche Arbeit und an Zucht und Ordnung auf die Gefangenen zu wirken und dadurch Gefangene, die besserungsfähig sind, so zu ertüchtigen, daß sie sich bei der Rückkehr in die Freiheit als brauchbare Glieder in die Volksgemeinschaft einfügen.

Strafvollzugsordnung, 1940, Auszüge

Sammlung Gedenkstätte Bautzen

Für ihren Glauben verfolgt

Die Religionsgemeinschaft der Zeugen Jehovas, auch Bibelforscher genannt, gerät schon kurz nach der Machtergreifung in Konflikt mit den Nationalsozialisten: Ihre Mitglieder verweigern den Militärdienst, lassen sich nicht für politische Zwecke vereinnahmen und lehnen den Hitlergruß ab. Im Frühjahr 1933 werden die Zeugen Jehovas verboten. Sie führen ihre Organisation in der Illegalität fort.

Ende 1936 begehren sie massiv gegen ihre Unterdrückung auf: In ganz Deutschland verteilen sie rund 100 000 Exemplare einer Protestschrift. Die Verbreitung ihrer »Luzerner Resolution« gilt als eine der größten Widerstandsaktionen gegen den Nationalsozialismus. Von nun an sind die Zeugen Jehovas systematischen Verfolgungen ausgesetzt: Von Sonder- und Kriegsgerichten werden sie zu Freiheitsstrafen oder zum Tode verurteilt, die Gestapo deportiert sie in Konzentrationslager.

FRITZ GOTTSCHLING (1903 – 1945)

1937 – 1938 STRAFGEFANGENER IN BAUTZEN I

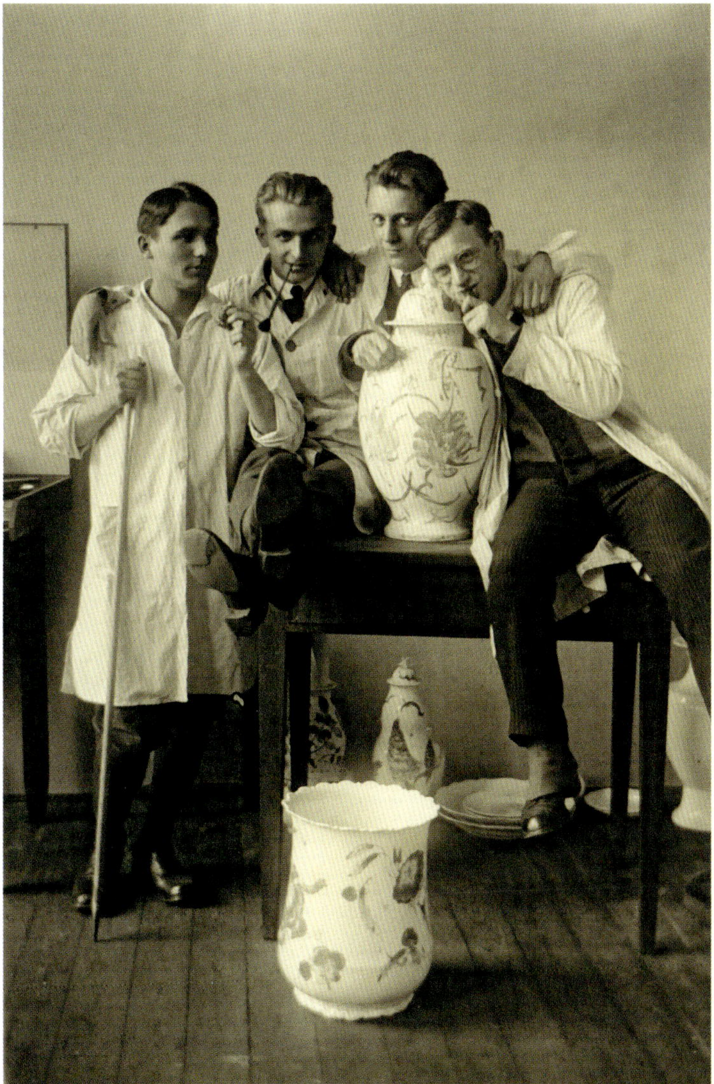

Meisterschüler in der Meissener Porzellanmanufaktur, vor 1936
Fritz Gottschling ist als zweiter von links zu sehen, ganz rechts der ebenfalls als Zeuge Jehovas verfolgte und 1938 an KZ-Haftfolgen verstorbene Max Hermann Dietze.

Staatliche Porzellanmanufaktur Meissen

Fritz Gottschling verteilt im Dezember 1936 in Meißen die »Luzerner Resolution« der Zeugen Jehovas. Seine Verhaftung erfolgt im März 1937. Im Juli 1937 verurteilt ihn das Sondergericht Freiberg wegen Zuwiderhandlung gegen das Verbot der Bibelforscher und Heimtücke zu anderthalb Jahren Gefängnis.

Fritz Gottschling absolviert eine siebenjährige Ausbildung zum Porzellanmaler. In der Staatlichen Porzellanmanufaktur Meissen arbeitet er ab 1925 in der Abteilung für Indisch- und Blumenmalerei und wird später als Meisterschüler auch mit der Entwicklung neuer Dekore betraut.

Schon 1924 tritt Gottschling aus der Kirche aus und wendet sich den Bibelforschern zu. Er bleibt auch nach dem Verbot der Glaubensgemeinschaft seiner religiösen Überzeugung treu.

Deswegen wird Gottschling 1935 fristlos entlassen, obwohl er zur künstlerischen Elite der Meissener Porzellanmaler zählt. Nach seiner Verurteilung ist er in Bautzen I inhaftiert. Direkt im Anschluss an die Haft deportiert ihn die Gestapo ins KZ Buchenwald. Dort muss er im Bildhauerkommando Steine für SS-Bauten bearbeiten. Während eines Marsches zur Evakuierung des Konzentrationslagers wird er 1945 in Winklarn/Oberpfalz von der SS erschossen.

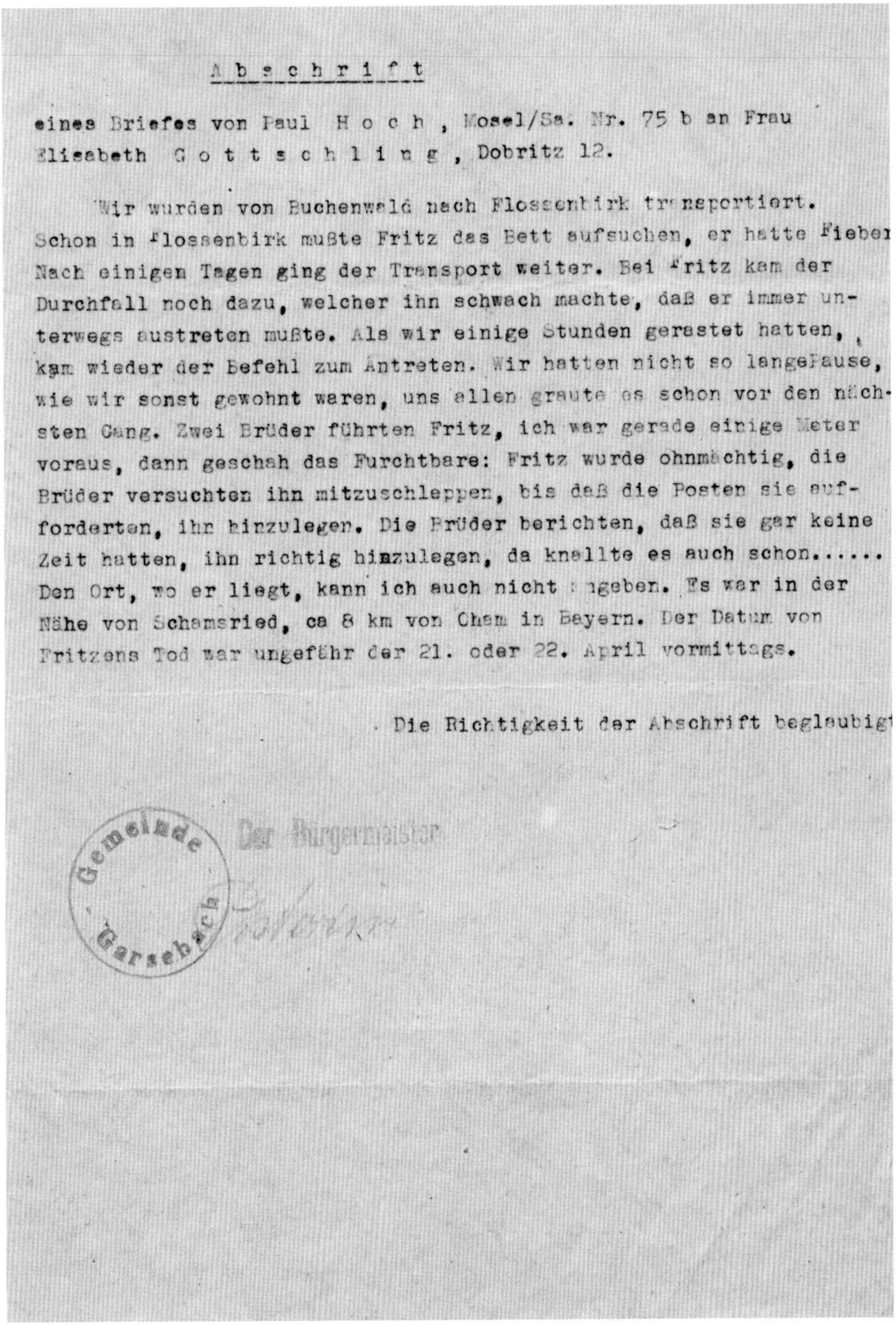

A b s c h r i f t

eines Briefes von Paul H o c h , Mosel/Sa. Nr. 75 b an Frau Elisabeth G o t t s c h l i n g , Dobritz 12.

Wir wurden von Buchenwald nach Flossenbirk transportiert. Schon in Flossenbirk mußte Fritz das Bett aufsuchen, er hatte Fieber. Nach einigen Tagen ging der Transport weiter. Bei Fritz kam der Durchfall noch dazu, welcher ihn schwach machte, daß er immer unterwegs austreten mußte. Als wir einige Stunden gerastet hatten, kam wieder der Befehl zum Antreten. Wir hatten nicht so langePause, wie wir sonst gewohnt waren, uns allen graute es schon vor den nächsten Gang. Zwei Brüder führten Fritz, ich war gerade einige Meter voraus, dann geschah das Furchtbare: Fritz wurde ohnmächtig, die Brüder versuchten ihn mitzuschleppen, bis daß die Posten sie aufforderten, ihn hinzulegen. Die Brüder berichten, daß sie gar keine Zeit hatten, ihn richtig hinzulegen, da knallte es auch schon...... Den Ort, wo er liegt, kann ich auch nicht angeben. Es war in der Nähe von Schamsried, ca 8 km von Cham in Bayern. Der Datum von Fritzens Tod war ungefähr der 21. oder 22. April vormittags.

Die Richtigkeit der Abschrift beglaubigt

Gemeinde Garsebach

Der Bürgermeister

Abschrift eines Briefes an die Witwe Gottschlings, nach 1945
Nach Kriegsende berichtet ein mitgefangener Zeuge Jehovas über die Ermordung Fritz Gottschlings.

Hauptstaatsarchiv Dresden

Verfolgung homosexueller Männer

Bereits vor 1933 werden Schwule gesellschaftlich stigmatisiert. Nach §175 Strafgesetzbuch werden sexuelle Handlungen zwischen Männern als widernatürliche Unzucht mit Gefängnis bestraft.

1935 wird die Gesetzesvorschrift verschärft: Jetzt sind sämtliche Arten von sexuellen Kontakten zwischen Männern strafbar, auch bloße Berührungen. So können deutlich mehr Homosexuelle verurteilt werden. Für sexuelle Handlungen von Männern mit unter 21-Jährigen oder bei »gewerbsmäßiger Unzucht« mit Männern sind Zuchthausstrafen vorgesehen. In den Haftanstalten stehen sie ganz unten in der Gefangenenhierarchie. Zudem erhält die Strafjustiz nun die Möglichkeit, Homosexuelle kastrieren zu lassen oder sogar Todesurteile zu verhängen. Viele Homosexuelle werden in Konzentrationslager gesperrt.

PETER HEINZE (1902 – UNBEKANNT)

1937 STRAFGEFANGENER IN BAUTZEN I

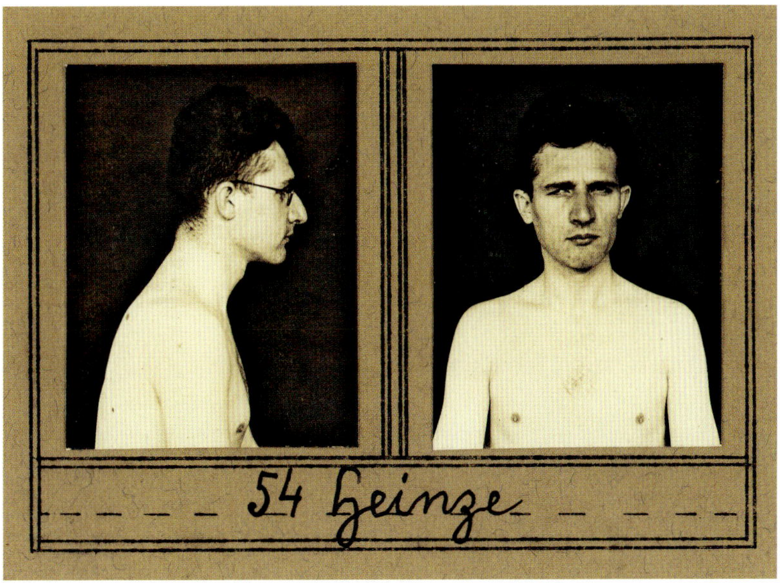

Peter Heinze, 1937, Foto aus der Gefangenenakte, Bautzen I
Bei der Einweisung in das Gefängnis erfolgt eine medizinische Untersuchung. Die Häftlinge haben sich vollständig zu entkleiden. Sie werden nach Ungeziefer, aber auch nach am Körper versteckten Gegenständen durchsucht und ab einer Strafdauer von mindestens einem Jahr zudem auch fotografiert.

Staatsarchiv Chemnitz

Peter Heinze hat 1935 und 1936 mit einem jungen Gelegenheitsarbeiter sexuelle Kontakte gegen Bezahlung und wird damit von ihm erpresst. 1937 verurteilt das Landgericht Dresden beide Männer wegen widernatürlicher Unzucht nach dem verschärften § 175 StGB zu einem Jahr Gefängnis.

Der Bibliothekar Peter Heinze arbeitet in der Dresdener Stadtbücherei. Sein Vater, der ehemalige nationalliberale Reichsjustizminister Dr. Rudolf Heinze, verschaffte ihm diese Stelle. Als Peter Heinzes homosexuelle Veranlagung 1931 auffliegt, wird er entlassen. Nach zwei Jahren Arbeitslosigkeit beginnt er in Leipzig eine Weiterbildung zum Buchhändler. Er ist Mitglied der SA und der Reichsschrifttumskammer.

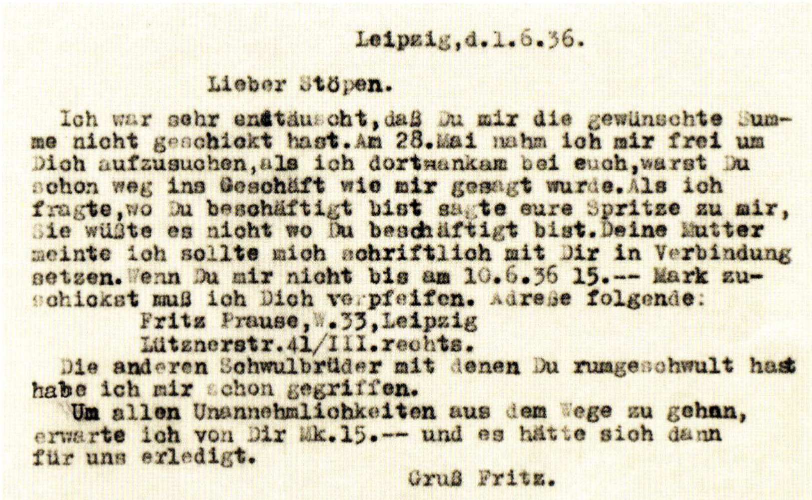

Leipzig,d.1.6.36.

Lieber Stöpen.

Ich war sehr enttäuscht,daß Du mir die gewünschte Summe nicht geschickt hast.Am 28.Mai nahm ich mir frei um Dich aufzusuchen,als ich dortwankam bei euch,warst Du schon weg ins Geschäft wie mir gesagt wurde.Als ich fragte,wo Du beschäftigt bist sagte eure Spritze zu mir, Sie wüßte es nicht wo Du beschäftigt bist.Deine Mutter meinte ich sollte mich schriftlich mit Dir in Verbindung setzen.Wenn Du mir nicht bis am 10.6.36 15.-- Mark zuschickst muß ich Dich verpfeifen. Adreße folgende:

Fritz Prause,W.33,Leipzig
Lütznerstr.41/III.rechts.

Die anderen Schwulbrüder mit denen Du rumgeschwult hast habe ich mir schon gegriffen.

Um allen Unannehmlichkeiten aus dem Wege zu gehan, erwarte ich von Dir Mk.15.-- und es hätte sich dann für uns erledigt.

Gruß Fritz.

Erpresserbrief an Peter Heinze, 1936

Staatsarchiv Chemnitz

Nach der Verurteilung 1937 kommt Heinze nach Bautzen I und später wegen Überfüllung des Gefängnisses nach Plauen. Kurz vor seiner Entlassung wird Heinzes Mutter im Gefängnis vorstellig und verbittet sich aus Sorge um den Ruf der Familie die Rückkehr ihres Sohnes nach Dresden. Heinze geht 1938 zunächst in eine diakonische Arbeiterkolonie für Obdachlose in Lobetal bei Berlin und arbeitet kurz darauf für einen juristischen Verlag in der Reichshauptstadt. 1940 wird er zur Wehrmacht einberufen, die ihn 1943 wegen Krankheit entlässt. Sein weiterer Lebensweg ist unbekannt.

Schreiben des Dresdner Generalstaatsanwalts Jung, 1938 ▶

Dr. Leopold Schäfer, Strafrechtsexperte im Reichsjustizministerium, vermittelt Peter Heinze nach seiner Entlassung eine Arbeitsstelle bei einem juristischen Verlag. Schäfer ist im Ministerium für die Verschärfung des § 175 StGB verantwortlich – also jener Strafvorschrift, die ausgerechnet auch dem Sohn seines früheren Chefs zum Verhängnis wird.

Archiv der Hoffnungstaler Anstalten Lobetal

Peter Heintze

Abschrift.

Der Vorsitzende der Sächsischen Straffälligenbetreuung und Ermittlungshilfe e.V.
im Reichsverband für Straffälligenbetreuung und Ermittlungshilfe.e.V.
Postanschrift: Straffälligenbetreuung, Dresden A.24,Münchener Platz 3
Fernsprecher-Anschluß Nr.452 30. Postscheckkonto:Dresden Nr.677.

Herrn Peter Heinze
Lobetal über Bernau b. Berlin
Hoffnungstaler Anstalten.

Unser Zeichen: Bi. Dresden A.24,den 23.August 1938. Münchener Platz 3.

Die Sächsische Straffälligenbetreuung und Ermittlungshilfe hat sich in den vergangenen Monaten bemüht,Sie in einem buchhändlerischen Betriebe unterzubringen. Der Verlag Franz V a h l e n,Berlin W 9, Linckstr.16 (Inhaber Herr Gebhardt) hat sich bereit erklärt, zu erwägen, ob er Sie bei sich einstellen könne. Ich stelle Ihnen daher anheim,sich mit einer Bitte um Einstellung an den genannten Verlag zu wenden und Ihrem Gesuche Ihre Papiere nebst einem handgeschriebenen Lebenslauf beizufügen. Ich empfehle,in dem Gesuche bestimmte Gehaltsansprüche nicht zu stellen,sondern die Bemessung des Gehaltes dem Verlag anheimzustellen. Herr Gebhardt ist über die Tatsache, daß Sie sich in Strafhaft befunden haben,sowie über den Grund Ihrer Bestrafung unterrichtet.

Sollten Sie bei dem Verlage Franz Vahlen eingestellt werden, so bitte ich Sie,sich demnächst einmal dem Ministerialdirigenten Dr. Leopold S c h ä f e r im Reichsjustizministerium vorzustellen. Herr Ministerialdirigent Schäfer hat unter Ihrem verstorbenen Herrn Vater gearbeitet,und seinen Bemühungen ist es in erster Linie zu verdanken,daß sich Ihnen die vorstehend geschilderte Möglichkeit, wieder in Arbeit und Brot zu gelangen,bietet.

Heil Hitler!

gez.Dr.Jung.

Generalstaatsanwalt
als Vorsitzender.

Siegel.

Lebenslange Haft für mehrfach Verurteilte

Anfang 1934 tritt das Gewohnheitsverbrechergesetz in Kraft: Auch kleinkriminelle Mehrfachtäter können nach Ende ihrer Haftstrafe nun zeitlich unbegrenzt in Sicherungsverwahrung festgehalten werden. Diese kann sogar nachträglich für bereits verurteilte Straftäter gerichtlich beschlossen werden.

Für die Sicherungsverwahrten werden zunächst eigene Abteilungen in Gefängnissen geschaffen, später ganze Haftanstalten reserviert. 1942 vereinbaren der Reichsführer SS, Heinrich Himmler, und der Reichsjustizminister, Otto Thierack, die Deportation aller Sicherungsverwahrten in Konzentrationslager.

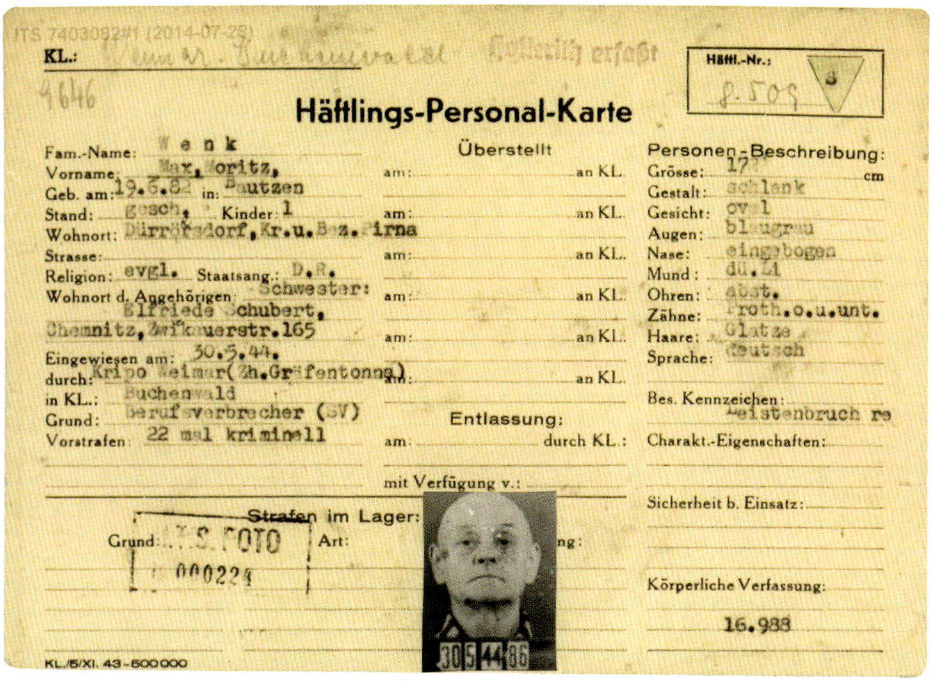
ITS 7403082#1 (2014-07-28)

KL.: Weimar-Buchenwald

9646

Häftl.-Nr.: 8.509

Häftlings-Personal-Karte

Fam.-Name: Wenk
Vorname: Max, Moritz,
Geb. am: 19.3.82 in: Bautzen
Stand: gesch., Kinder: 1
Wohnort: Dürröhrsdorf, Kr.u.Bez. Pirna
Strasse:
Religion: evgl. Staatsang.: D.R.
Wohnort d. Angehörigen: Schwester: Elfriede Schubert, Chemnitz, Zwickauerstr. 165
Eingewiesen am: 30.5.44.
durch: Kripo Weimar (Zh. Gräfentonna)
in KL.: Buchenwald
Grund: Berufsverbrecher (BV)
Vorstrafen: 22 mal kriminell

Überstellt
am: ... an KL.
am: ... an KL.
am: ... an KL.
am: ... an KL.
am: ... an KL.
am: ... an KL.

Entlassung:
am: ... durch KL.:
mit Verfügung v.:

Personen-Beschreibung:
Grösse: 172 cm
Gestalt: schlank
Gesicht: oval
Augen: blaugrau
Nase: eingebogen
Mund: dü. Li
Ohren: abst.
Zähne: Proth. o.u.unt.
Haare: Glatze
Sprache: deutsch
Bes. Kennzeichen: Leistenbruch re
Charakt.-Eigenschaften:
Sicherheit b. Einsatz:
Körperliche Verfassung:

16.988

Strafen im Lager:
Grund: ITS FOTO 000224
Art:

30 5 44 86

KL./5/XI. 43-500000

Häftlingspersonalkarte des KZ Buchenwald von Max Wenk, 1944

ITS Bad Arolsen

MAX WENK (1882 – UNBEKANNT)

1934 UNTERSUCHUNGSGEFANGENER IN BAUTZEN II

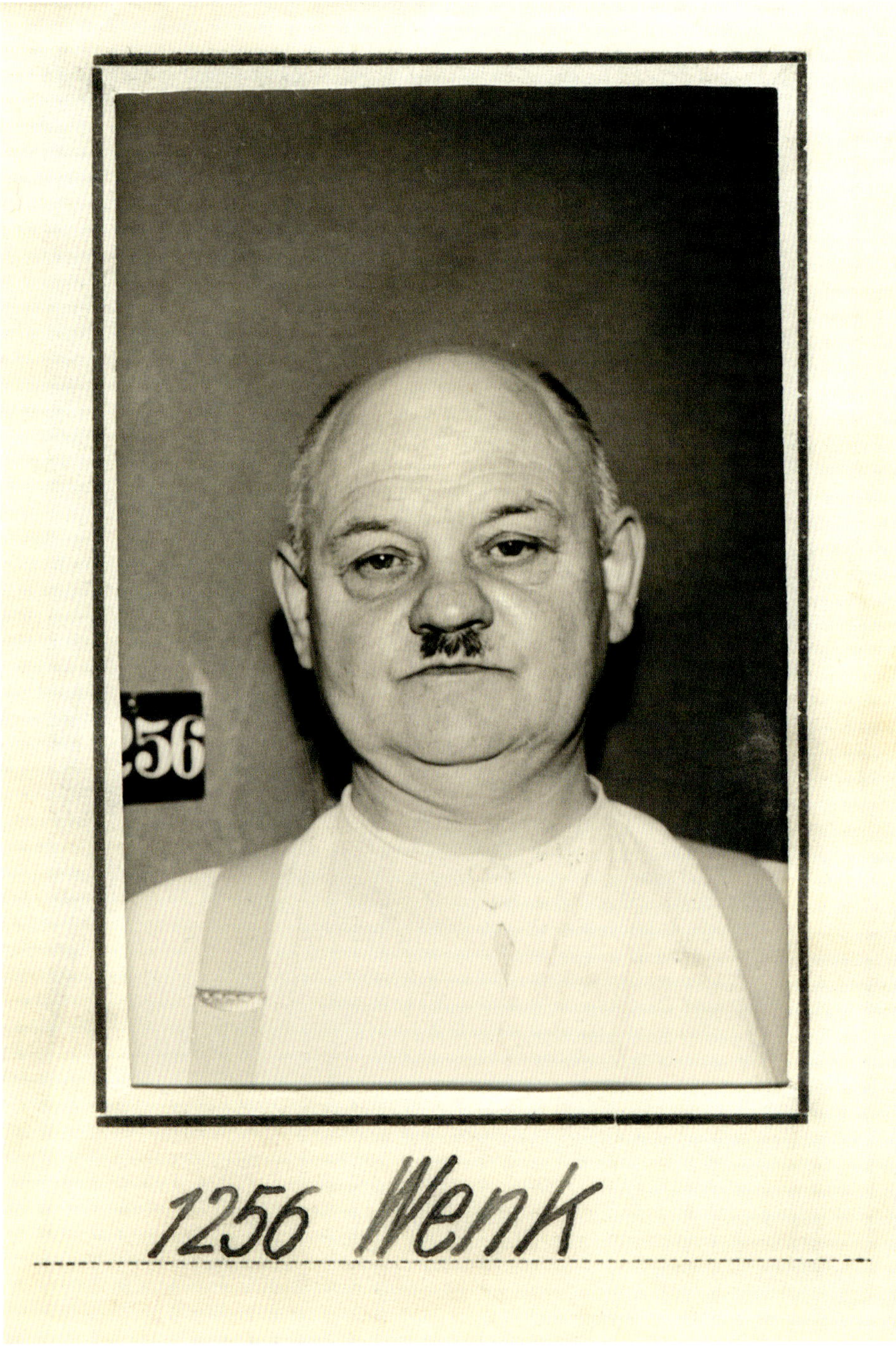

Max Wenk steht als Kleinkrimineller zwischen 1904 und 1932 30-mal vor Gericht, meist wegen Diebstählen und Betrügereien. Für die Nationalsozialisten gilt er als Gewohnheitsverbrecher. Sie sperren ihn in Sicherungsverwahrung und später ins Konzentrationslager.

Der Bautzener Schneider Max Wenk wird als 22-Jähriger erstmals zu einer Haftstrafe verurteilt. Er kommt immer wieder mit dem Gesetz in Konflikt. Das NS-Regime stuft Wenk als gefährlichen Gewohnheitsverbrecher ein: Nach Ende einer 1934 in Zwickau verbüßten Haftstrafe ordnet das Landgericht Bautzen erneut Untersuchungshaft an. Wenk kommt nach Bautzen II, obwohl gar kein neues Delikt anhängig ist. Vielmehr verurteilt ihn das Landgericht nachträglich zur Sicherungsverwahrung, setzt diese Maßnahme aber gnadenhalber vorerst nicht um.

Erst als Wenk 1935 erneut straffällig und zu einer Zuchthausstrafe verurteilt wird, muss er in Sicherungsverwahrung: Nach Verbüßen seiner Strafe verlegt ihn die Justiz 1938 in die Sicherungsanstalt Gräfentonna. Als die Sicherungsverwahrten in Konzentrationslager überstellt werden, kommt er 1944 ins KZ Buchenwald. Dort verliert sich seine Spur.

Max Wenk, 1935
Foto aus der Gefangenenakte, Zuchthaus Waldheim

Staatsarchiv Leipzig

…jährige zeigt Gertrud Schreier
…r Hirnhautentzündung auffälliges
Nach Aufenthalt in zwei Erziehungs-
…eht sie mehrfach wegen Bettelei und
vor Gericht. 1943 wird Schreier in
…gen eines kleinen Lebensmittel-
zu anderthalb Jahren Zuchthaus
Ein halbes Jahr davon verbringt sie
…artha, wo sie schwere Granaten
…uss.
…ert eine Hilfsaufseherin, was ihr
…r vierwöchigen Arreststrafe zusätzlich
Jahr Gefängnis einbringt. Zudem flieht
…weimal von der Arbeitsstelle und bet-
…ern nach Lebensmitteln, wofür sie mit
…en Arrest bestraft wird. Sie wird nun
…gnet für den Außeneinsatz angesehen
Zuchthaus Waldheim zurücktranspor-
nach 1945 mehrfach wegen Dieb-
…raft, wird sie Ende 1951 in eine Heil-
…nstalt zwangseingewiesen. Gertrud
…stirbt 1973 in der Psychiatrie in
sozialismu…
Erwägung…
oder Stra…
Insbesond…
fährige S…
nicht nur
liefert au…
oder Son…
geschieht
lichkeit, i…
militärisc…
leben die
zeigen g…
…nein Geld verloren"
27. Apr. 1944
Bericht über Gertrud Schreiers Betteleien, Neue Leipziger Zeitung, 1937
Staatsarchiv Leipzig
Vermerk des Lagerleiters Richard Zschoche über eine Entweichung von Gertrud Schreier, 1944
Staatsarchiv Leipzig
…amt Leipzig Nr. 1116/1931

1939 – 1945
Strafvollzug im Krieg

Im September 1939 überfällt Nazideutschland Polen und beginnt damit den Zweiten Weltkrieg. Auch der Strafvollzug soll seinen Beitrag zum deutschen Sieg leisten. Personal, Verpflegung und Material für die Gefängnisse werden gekürzt, die Häftlingszahlen steigen: Überfüllung, Hunger, Verwahrlosung, Krankheiten und Tod prägen nun zunehmend den Haftalltag.

Zwangsarbeit für die Kriegswirtschaft gilt jetzt als Hauptaufgabe des Strafvollzugs. Auch in Bautzen wandeln sich die Gefängnisse immer mehr zu Rüstungsfabriken. Die Gefangenen werden ungeachtet ihres Zustandes maximal ausgebeutet. Ihre tägliche Arbeitszeit beträgt elf Stunden und länger. Die Wehrwirtschaftsbehörden fordern immer mehr Häftlingsarbeiter. Deshalb entstehen in der Region Strafgefangenen-Außenlager, die alle von Bautzen II verwaltet werden.

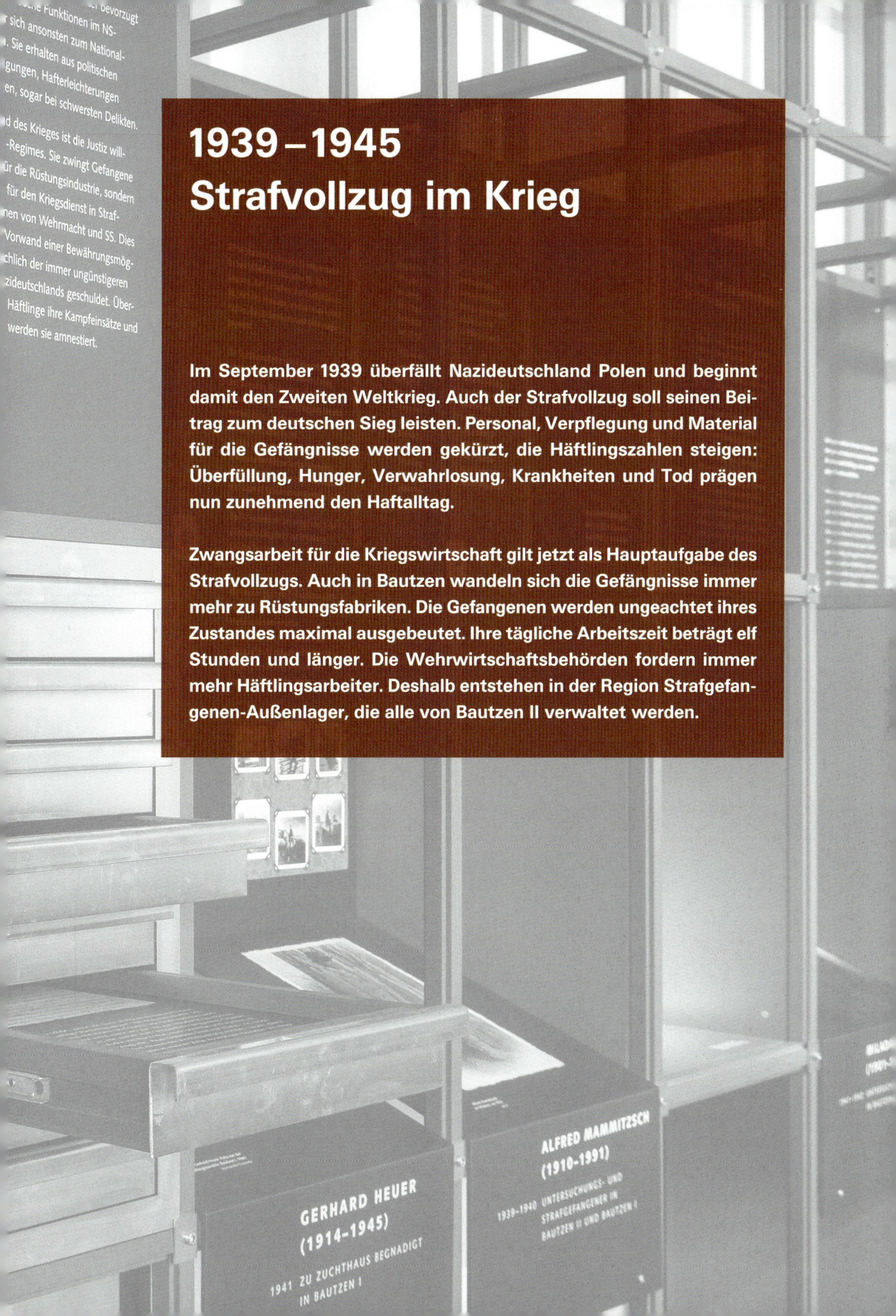

Feindsender hören verboten

Die Nationalsozialisten erkennen das Potenzial des noch jungen Massenmediums Rundfunk und nutzen es zur Verbreitung ihrer Ideologie. Das NS-Regime sorgt für den Verkauf preisgünstiger Volksempfänger. Damit vergrößert sich die Zahl der Hörer beträchtlich: 1939 verfügen mehr als 70 Prozent aller Haushalte über ein Rundfunkgerät.

Mit den meisten Geräten können auch ausländische Sender empfangen werden. Einige dieser Sender wie die Londoner BBC oder Radio Moskau haben deutschsprachige Beiträge im Programm.

Das NS-Regime fürchtet eine unabhängige Berichterstattung, insbesondere über den Kriegsverlauf. Seit Beginn des Krieges ist das Hören ausländischer Sender mit der Verordnung über außerordentliche Rundfunkmaßnahmen verboten. Ob eine strafrechtliche Verfolgung tatsächlich eingeleitet wird, bestimmt allein die Gestapo. Der Strafrahmen reicht von Gefängnis in minderschweren Fällen über Zuchthaus als Regelstrafe bis hin zur Todesstrafe bei Verbreitung der gehörten Nachrichten.

Radio Burggraf W Lumophon, 1935
Mit einem baugleichen Radio hört Rudolf Hemprich den britischen Radiosender BBC.

Sammlung Gedenkstätte Bautzen

RUDOLF HEMPRICH (1899–1985)

1940–1941 SCHUTZHÄFTLING IM STÄDTISCHEN GEFANGENEN- UND BESSERUNGSHAUS ÄUSSERE LAUENSTRASSE, UNTERSUCHUNGSGEFANGENER IN BAUTZEN II, STRAFGEFANGENER IN BAUTZEN I

Rudolf Hemprich mit Familie, 1946

privat

Rudolf Hemprich hört nach Kriegsausbruch 1939 den britischen Radiosender BBC. Der Zittauer Hilfselektriker erzählt Kollegen davon und wird denunziert. 1940 verurteilt ihn das Landgericht Bautzen für das Radiohören zu zwei Jahren Zuchthaus.

Nach kurzer Mitgliedschaft in der Kommunistischen Jugend ist Hemprich in den 1920er Jahren in verschiedenen politisch rechten Verbänden aktiv. Schon vor 1933 tritt er der NSDAP bei, 1933 auch der SA. Nach Unstimmigkeiten und Beitragsrückständen wird er 1935 aus beiden Organisationen wieder ausgeschlossen. Ende 1939 erwähnt Hemprich gegenüber Arbeitskollegen, einen Auslandssender gehört zu haben. Er rechne bald mit einem Umsturz im Deutschen Reich. Die Gestapo verhaftet ihn. Seine Strafe verbüßt er in Bautzen I, bevor er 1941 in die berüchtigten Emslandlager verlegt wird. Nach Kriegsende wird er bei der Stadt Zittau angestellt. Da er seine frühere Parteimitgliedschaft verschwiegen hat, wird er 1949 fristlos entlassen, auch der Status als »Opfer des Faschismus« wird ihm aberkannt. Hemprich schreibt gegen diese Entscheidungen scharfe Beschwerdebriefe, die eine sechsmonatige Haftstrafe wegen Beleidigung nach sich ziehen. 1952 sitzt er erneut in Bautzen II ein.

14

Geheime Staatspolizei
Staatspolizeileitstelle Dresden
Außendienststelle Bautzen

Bautzen, am 13. 3. 40.

II H 303/39.

Betr.: H e m p r i c h , Rudolf Paul, geb. am 26. 11. 1899 in Zittau, wohnh. in Zittau, Dornspachstr. 13.

Das Rundfunkgerät des H e m p r i c h, Marke "Lumophon" Type Burggraf W, ist ein 2 Röhren-Apparat (2 Kreise).

Der Apparat ist in meiner Gegenwart von einem Rundfunkfachmann geprüft worden. Die Röhren haben etwa 20 % nachgelassen. Das Gerät trennt nicht scharf, d.h. die stärkeren Sender überschneiden die schwächeren.

Die Sender Paris und Straßburg waren nahezu einwandfrei zu hören.

Der Sender London-N. kam nur schwach. Nach Meinung des Fachmannes ist es aber bei genauer Kenntnis des Apparates und mit einiger Geduld beim Einstellen sehr wohl möglich, diesen Sender abzuhören. Allerdings kann der Empfang vorübergehend auch so schwinden, daß von der Sendung - angenommen die Nachrichten in deutscher Sprache - nur ein Teil und dieser auch nur schwach zu hören ist. Das notwendige Interesse an solchen Sendungen vorausgesetzt, ist es mit diesem Geärät in seinem jetzigen Zustande aber auf jeden Fall möglich, sich über die deutschen Nachrichten des Senders London-N. zu informieren.

Schreiben aus der Akte der Staatsanwaltschaft Bautzen, 1940
Die Gestapo zieht Hemprichs Radio ein und lässt es von einem Experten auf die Empfangsmöglichkeiten prüfen.

Staatsfilialarchiv Bautzen

Häftlingszwangsarbeit für das Elbtalwerk Heidenau

Das Elbtalwerk Heidenau (EWH) bemüht sich schon bald nach Machtübernahme der Nationalsozialisten um Rüstungsaufträge. Die Firma fertigt Motoren und Generatoren für Wehrmacht und Luftwaffe. Als kriegsbedingt Arbeitskräfte knapp werden, verlegt man Teile der Produktion in den sächsischen Strafvollzug. Das EWH richtet 1943 in Bautzen I eine komplette Fabrik zur Fertigung von Bordfunk-Sendeumformern für die Luftwaffe ein. Im Sommer 1944 arbeiten 38 Männer und 196 männliche Jugendliche an diesen Geräten.

Das EWH setzt gegenüber der Anstaltsleitung durch, Frauen für feine Spulenwickelarbeiten einzusetzen. Dafür werden auf dem mittlerweile zum Gefängnis Bautzen I gehörenden Kupferhammergelände zusätzlich 60 weibliche Strafgefangene in einer zugigen Baracke einquartiert. Ab August 1943 lässt das EWH im Kupferhammer zudem fahrbare Stromerzeuger reparieren, die defekt von der Kriegsfront zurückkehren. Rund 30 männliche Strafgefangene sind damit beschäftigt.

Schwere Maschinensätze, nach 1939, Heidenau
Die mobilen Stromaggregate werden vom Elbtalwerk Heidenau produziert. Ihre Reparatur erfolgt durch Häftlinge im nunmehr zum Bautzener Gefängnis gehörenden Kupferhammer.

Hauptstaatsarchiv Dresden

MARTA HUSEMANN, GEB. WOLTER (1913–1960)

1943–1945 STRAFGEFANGENE IM BAUTZENER ARBEITSKOMMANDO KUPFERHAMMER

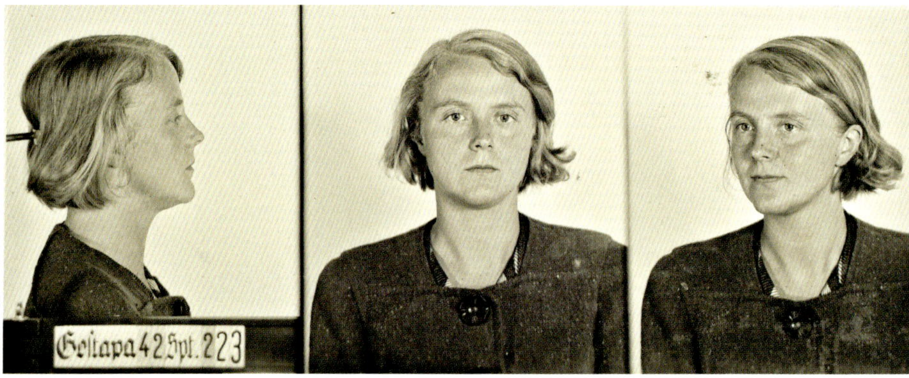

Marta Husemann, Berlin 1942
Aufnahme nach ihrer Festnahme von der Gestapo

Bundesarchiv Berlin-Lichterfelde

Marta Husemann muss im Bautzener Kupferhammergelände Funkumformer für den Flugzeugbau fertigen. Die Gegnerin des Nationalsozialismus wird als Vorarbeiterin in der Spulenwickelei eingesetzt.

Über den Arbeitersport kommt die in Berlin geborene Autorin und Schauspielerin Marta Husemann zur Kommunistischen Partei. Nach der Machtübernahme der Nationalsozialisten beteiligt sie sich an Flugblattaktionen und wird deshalb 1936 für mehrere Monate im KZ Moringen inhaftiert. Husemann schließt sich dem Widerstandsnetzwerk »Rote Kapelle« an. 1943 verurteilt sie das Reichskriegsgericht in Berlin wegen Vorbereitung zum Hochverrat zu vier Jahren Gefängnis. Während ihr Ehemann Walter im selben Verfahren zum Tode verurteilt und hingerichtet wird, kommt sie in das Frauengefängnis Leipzig-Kleinmeusdorf. Ihre Haftzeit verbringt Husemann aber größtenteils im Arbeitskommando Kupferhammer, wo weibliche Arbeitskräfte für kriegswichtige Fertigungen zum Einsatz kommen. Nach dem Krieg arbeitet sie in hauptamtlicher Funktion zunächst für die KPD und später für die SED in Ost-Berlin, wo sie 1960 verstirbt.

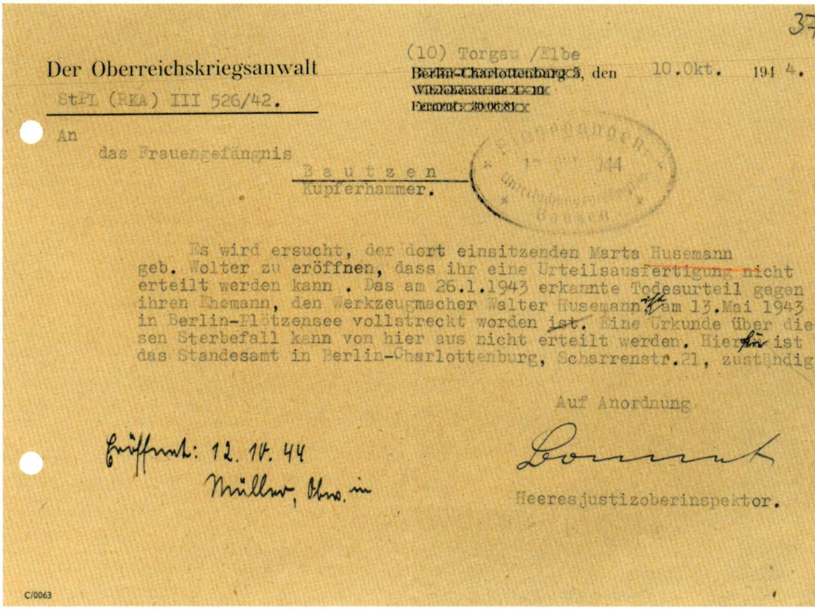

37

Der Oberreichskriegsanwalt
StPL (RKA) III 526/42.

(10) Torgau /Elbe
~~Berlin-Charlottenburg 5~~, den 10.Okt. 1944.
~~Witzlebenstraße 4-10~~
~~Fernruf: 30 06 81~~

An
das Frauengefängnis
Bautzen
Kupferhammer.

Es wird ersucht, der dort einsitzenden Marta Husemann geb. Wolter zu eröffnen, dass ihr eine Urteilsausfertigung nicht erteilt werden kann . Das am 26.1.1943 erkannte Todesurteil gegen ihren Ehemann, den Werkzeugmacher Walter Husemann ist am 13.Mai 1943 in Berlin-Plötzensee vollstreckt worden ~~ist~~. Eine Urkunde über diesen Sterbefall kann von hier aus nicht erteilt werden. Hierfür ist das Standesamt in Berlin-Charlottenburg, Scharrenstr.21, zuständig.

Auf Anordnung

Heeresjustizoberinspektor.

Eröffnet: 12. 10. 44
Müller, Obw. in

C/0063

Schreiben des Oberreichskriegsanwalts, Oktober 1944
Marta Husemann erfährt während ihrer Haft in Bautzen, dass ihr Ehemann Walter Husemann in Berlin-Plötzensee hingerichtet wurde.

Staatsarchiv Leipzig

Sendeumformer U/10S, 1944
Im Gefängnis Bautzen I und im Kupferhammer lässt das Elbtalwerk Heidenau Sendeumformer bauen. Sie wandeln die Batteriespannung von Kampfflugzeugen auf die zum Betrieb des Bordsenders notwenigen Spannungen um. Ihre Herstellung bedarf sehr präziser Spulenwickel- und Lötarbeiten, die zumeist von Frauen ausgeführt werden.

Sammlung Gedenkstätte Bautzen

Häftlingszwangsarbeit für die Heeresmunitions-Anstalt Königswartha

Die Wehrmacht errichtet 1939 in Königswartha eine Munitionsfabrik für den Krieg. Dort werden Sprengstoffe in Granaten eingebracht. Für den Bau sind männliche Insassen des Gefängnisses Bautzen II eingesetzt. Neben der Fabrik entsteht ein Baracken-Außenlager zur Unterbringung der für den Bau und späteren Betrieb der Fabrik benötigten Häftlinge. 1944 sind hier 382 zu Zuchthaus verurteilte Frauen und 60 Männer im Einsatz.

Der Vollzug von Zuchthausstrafen ist keine Aufgabe der Bautzener Gefängnisse. Dennoch werden Frauen aus dem Zuchthaus Waldheim nach Königswartha verlegt, um ihre Arbeitskraft auszubeuten. Die Häftlinge leiden unter Hunger, Kälte und schwerer Arbeit. Zudem sind sie Misshandlungen durch das Strafvollzugspersonal ausgesetzt.

GERTRUD SCHREIER, GEB. RICHTER (1912–1973)

1943–1944 ZUCHTHAUSGEFANGENE IM BAUTZENER AUSSENARBEITSLAGER KÖNIGSWARTHA

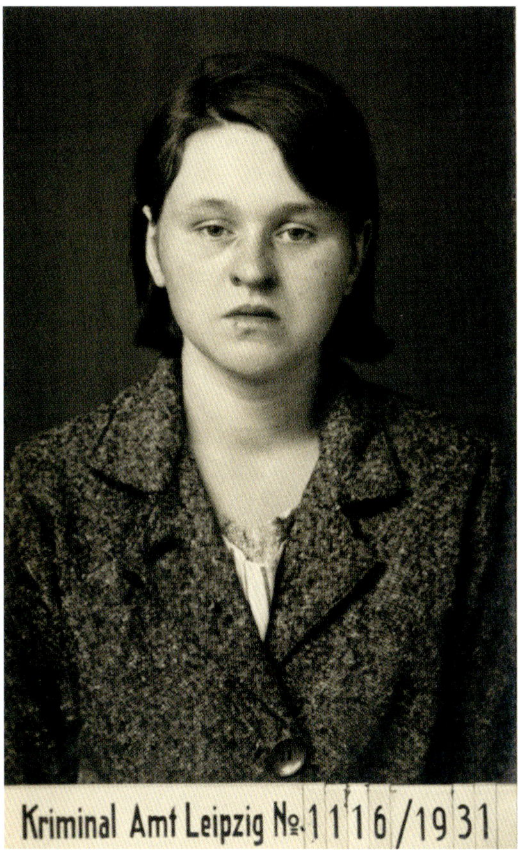

Gertrud Schreier
Polizeifoto, 1931, Leipzig

Staatsarchiv Leipzig

Gertrud Schreier wird 1943 aus dem Zuchthaus Waldheim in das Bautzener Strafgefangenen-Außenlager Königswartha verlegt. Sie widersetzt sich dem Lagerregime.

Schon als Achtjährige zeigt Gertrud Schreier infolge einer Hirnhautentzündung auffälliges Verhalten. Nach Aufenthalt in zwei Erziehungsanstalten steht sie mehrfach wegen Bettelei und Diebstahls vor Gericht.

1943 wird Schreier in Leipzig wegen eines kleinen Lebensmitteldiebstahls zu anderthalb Jahren Zuchthaus verurteilt. Ein halbes Jahr davon verbringt sie in Königswartha, wo sie schwere Granaten verladen muss.
Sie provoziert eine Hilfsaufseherin, was ihr neben einer vierwöchigen Arreststrafe zusätzlich ein halbes Jahr Gefängnis einbringt. Zudem flieht Schreier zweimal von der Arbeitsstelle und bettelt in Dörfern nach Lebensmitteln, wofür sie mit fünf Wochen Arrest bestraft wird. Sie wird nun als ungeeignet für den Außeneinsatz angesehen und in das Zuchthaus Waldheim zurücktransportiert. Auch nach 1945 mehrfach wegen Diebstahls bestraft, wird sie Ende 1951 in eine Heil- und Pflegeanstalt zwangseingewiesen. Gertrud Schreier verstirbt 1973 in der Psychiatrie in Wermsdorf.

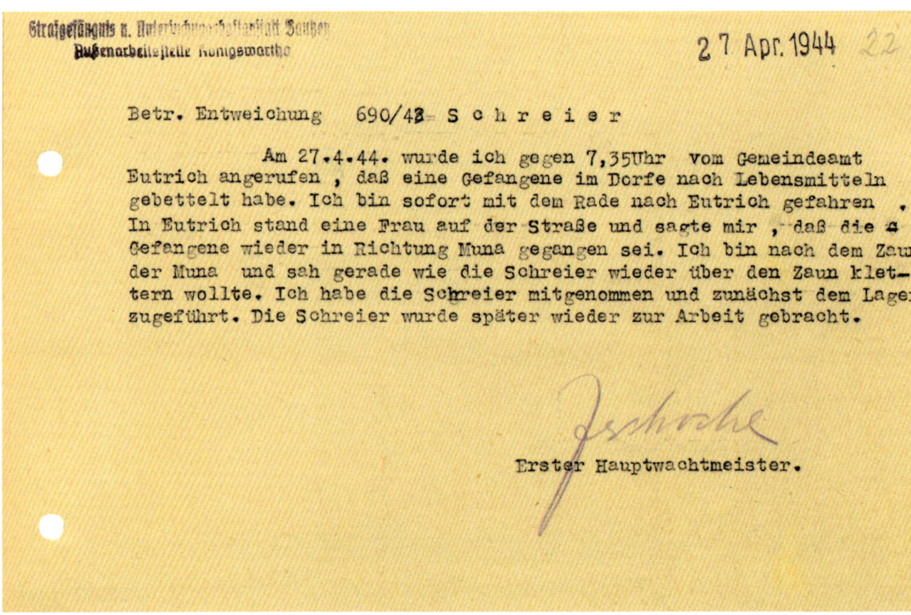

Strafgefängnis u. Untersuchungshaftanstalt Bautzen
Außenarbeitsstelle Königswartha

27. Apr. 1944

Betr. Entweichung 690/43 Schreier

Am 27.4.44. wurde ich gegen 7,35Uhr vom Gemeindeamt Eutrich angerufen, daß eine Gefangene im Dorfe nach Lebensmitteln gebettelt habe. Ich bin sofort mit dem Rade nach Eutrich gefahren. In Eutrich stand eine Frau auf der Straße und sagte mir, daß die Gefangene wieder in Richtung Muna gegangen sei. Ich bin nach dem Zaun der Muna und sah gerade wie die Schreier wieder über den Zaun klettern wollte. Ich habe die Schreier mitgenommen und zunächst dem Lager zugeführt. Die Schreier wurde später wieder zur Arbeit gebracht.

Zschoche
Erster Hauptwachtmeister.

Vermerk des Lagerleiters Richard Zschoche über eine Entweichung von Gertrud Schreier, 1944

Staatsarchiv Leipzig

„Ich habe mein Geld verloren"

Wer kennt die Betrügerin?

Am Markt wurde ein Passant von einer Frau angesprochen, die einen zusammenklappbaren Sportwagen, in dem ein etwa zweijähriges Kind saß, bei sich hatte. Die Unbekannte erzählte dem Manne, sie habe ihr Geld verloren und wolle gern mit der Straßenbahn nach Hause fahren, weil es so regne. Die Frau bat schließlich um 50 Pfennig, die sie am nächsten Tage zurückschicken würde. Der Angesprochene gab das Geld, mußte dann aber feststellen, daß die Bettlerin mit der gleichen Bitte auch an andere Personen herantrat. Sie bestieg dann mit dem Kind und Wagen eine Straßenbahn und fuhr mit ihr davon.

Die Bettlerin ist etwa 33 Jahre alt, 1,66 bis 1,68 Meter groß, kräftig, hat gesundes, volles Gesicht und trug zu einem hell-weinroten Mantel eine gestrickte Mütze. Wie beobachtet worden ist, benutzte die Frau einen Straßenbahnwagen, der durch die Hindenburgstraße in Richtung Lindenau gefahren ist. Sachdienliche Meldungen werden an die Kriminalpolizeistelle erbeten. Sollte die Frau wieder an Personen mit der Bitte um Geld herantreten, ist ihre Festnahme zu veranlassen.

Bericht über Gertrud Schreiers Betteleien, 1937
Neue Leipziger Zeitung

Staatsarchiv Leipzig

TAGESABLAUF, 1935

5.40	wecken, waschen, Zelle säubern
6.00	Kaffee trinken
6.18–6.38	kübeln (d.h. Nachtgeschirr säubern) und austreten
6.38	Klingel läutet zur Arbeit (d.h. die Häftlinge werden
	in die Tischlerwerkstatt geführt)
6.45–8.45	arbeiten
8.45–9.00	Frühstück
9.00–12.20	arbeiten
12.20–12.30	waschen und zum Mittagessen gehen
12.30–13.00	Mittagspause
13.00–14.55	arbeiten
14.55–15.20	Werkstatt säubern und Hobelspäne
	zum Kohlehof bringen
15.20–15.30	waschen
15.30–16.25	Bewegung (d.h. man läuft auf dem Anstaltshof
	im Marschschritt in Abständen von 8 bis 10 m
	einzeln spazieren)
15.30	Kaffee trinken
18.30	Nur jeden 2. Tag Suppe, Abendbrot
18.30–18.45	austreten
	anschließend Nachtruhe
	Alles geht wie auf Kommando. Vor den jeweils
	diensthabenden Beamten strammstehen gilt als Gruß.
	Sprechen ist verboten.

Der Häftling Alfred Reichelt beschreibt in einem Brief seinen Tagesablauf in Bautzen I., 10. August 1935

Staatsarchiv Chemnitz

Berichte von Häftlingen

Die »Deutschlandberichte der Sopade«, die politische Zeitschrift der SPD-Führung im Exil, erscheint 1933 bis 1940 in Prag und Paris. Auf der Basis eines Netzes von Informanten aus dem Deutschen Reich geben die Berichte unzensiert Einblicke in die Zustände in Deutschland. Häftlinge berichten über die Zustände in den Bautzener Gefängnissen.

VERPFLEGUNG, 1935

»Es wird berichtet, daß die Verpflegung im Gefängnis Bautzen seit einiger Zeit immer schlechter wird, z. B. gab es früher die Brotrationen täglich, dann alle zwei Tage und jetzt erhalten die Insassen nur alle vier Tage Brot, so daß es dann sehr hart, schimmelig und ungenießbar ist. Ein Genosse, der das Brot zurückgeben wollte, erhielt Dunkelarrest.«

Deutschlandberichte der Sopade, März 1935
Auszug

Sammlung Gedenkstätte Bautzen

VERPFLEGUNG, 1937

»Die Verpflegung im Gefängnis ist unzureichend. Während meiner Haft wurde sie von Monat zu Monat immer schlechter. Das Mittagessen ist fettlos und nicht selten unsauber zubereitet. Im Essen wurden oft Haare und Mäusedreck gefunden. Im Brot wurde einmal ein 10 cm langes Lumpenstück entdeckt. Die Qualität des Brotes verringerte sich in den letzten Monaten. Im Juli war es aus blanker Kleie und Maismehl, es war klebrig, von ganz dunkler Farbe und erzeugte oft Magenbeschwerden. In den letzten Monaten gab es sehr selten Fett, und das verabreichte Fett schmeckte nach Fischtran. Das Abendessen erhalten die Gefangenen bereits mit dem Nachmittagskaffee. Es ist unzureichend.«

Deutschlandberichte der Sopade, November 1937
Auszug

Sammlung Gedenkstätte Bautzen

POLITISCHE GEFANGENE, 1937

»Die wegen politischer Delikte Verurteilten sind in Bautzen größtenteils in besonderen Abteilungen zusammengefaßt und kommen in Einzelzellen. Mit kriminellen Gefangenen kommen sie so gut wie nicht zusammen. Die vom Gericht als ›gemeingefährlich‹ bezeichneten politischen Gefangenen werden wiederum gesondert von den Übrigen gehalten. Sie werden schärfer als die anderen Gefangenen beobachtet und müssen sich sehr in acht nehmen, wenn ihre Haft nicht zu einer unerträglichen Qual werden soll. An der Tür ihrer Zelle steht folgende Aufschrift: ›Gemeingefährlich – E – Sachen rauslegen!‹ [...] Für die Politischen sind z. Zt. drei Stock des Gefängnisses mit Einzelzellen vorgesehen. Jeder Stock hat 120 Zellen, deren Insassen eine Abteilung bilden. [...] Die Politischen werden dadurch kenntlich gemacht, daß sie am rechten Oberarm ihrer Jacke einen grünen Strich haben. [...] Erfreulich ist, daß trotz des harten Strafvollzugs die persönliche Haltung der Politischen gut ist. Unter ihnen gibt es kein ›Verzinken‹ (Denunzieren), wie unter den Kriminellen. Lieber gehen sie in den Bunker, als daß sie einen Genossen verraten.«

Deutschlandberichte der Sopade, November 1937
Auszug

Sammlung Gedenkstätte Bautzen

STRAFEN, 1937

»Im allgemeinen ist die Behandlung der Gefangenen nicht gut. Die unteren Beamten, besonders die neu eingestellten, schikanieren die Gefangenen und schlagen sie in der Zelle. Die Prügelstrafe ist das ›Erziehungsmittel‹, mit dem die Politischen für das Dritte Reich gewonnen werden sollen. Geprügelt wird mit Rohrstöcken und Ochsenziemern, die im Raum der Aufseher aufbewahrt werden. Die Prügelstrafe kann auch offiziell verhängt werden. [...] Die Schreie der im Keller Geschlagenen sind oft in den Zellen zu hören. [...] Bunker gibt es bei geringsten Verstößen, z. B. beim Sprechen während des Spaziergangs erstmalig 3 Tage und im Wiederholungsfall 8 Tage. [...] 28 Tage Bunker erhielt ein Gefangener, weil er seine Frau, die ihn besuchte, zum Abschied küsste. In den 28 Tagen nahm der Gefangene 22 Pfund ab. [...] Die Bunker befinden sich im Keller des Gefängnisses. Es sind halbdunkle, ungeheizte Räume, in denen sich nur eine Holzpritsche befindet, weiter nichts. Während der Bunkerstrafe gibt es nur jeden dritten Tag warmes Essen, sonst nur trockenes Brot und Wasser und nur früh eine Schale warmen Kaffee.«

Deutschlandberichte der Sopade, November 1937
Auszug

Sammlung Gedenkstätte Bautzen

ISOLATION, 1937

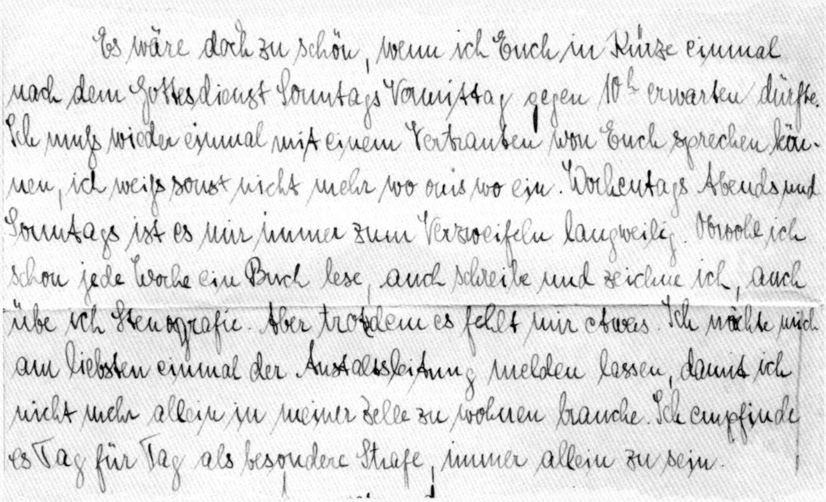
Es wäre doch zu schön, wenn ich Euch in Kürze einmal nach dem Gottesdienst Sonntags Vormittag gegen 10h erwarten dürfte. Ich muß wieder einmal mit einem Vertrauten von Euch sprechen können, ich weiß sonst nicht mehr wo aus wo ein. Wochentags Abends und Sonntags ist es mir immer zum Verzweifeln langweilig. Obwohl ich schon jede Woche ein Buch lese, auch schreibe und zeichne ich, auch übe ich Stenografie. Aber trotzdem es fehlt mir etwas. Ich möchte mich am liebsten einmal der Anstaltsleitung melden lassen, damit ich nicht mehr allein in meiner Zelle zu wohnen brauche. Ich empfinde es Tag für Tag als besondere Strafe, immer allein zu sein.

Häftlingsbrief, 27. Mai 1935, Auszug
Alfred Reichelt beschreibt die Isolation als besonders harte Strafe.

Staatsarchiv Chemnitz

Abschrift:
»Es wäre doch zu schön, wenn ich Euch in Kürze einmal nach dem Gottesdienst Sonntags Vormittag gegen 10 h erwarten dürfte. Ich muss wieder einmal mit einem Vertrauten von Euch sprechen können, ich weiß sonst nicht mehr wo aus wo ein. Wochentags Abends und Sonntags ist es mir immer zum Verzweifeln langweilig. Obwohl ich schon jede Woche ein Buch lese, auch schreibe und zeichne ich, auch übe ich Stenografie. Aber trotzdem fehlt mir etwas. Ich möchte mich am liebsten einmal der Anstaltsleitung melden lassen, damit ich nicht mehr allein in meiner Zelle zu wohnen brauche. Ich empfinde es Tag für Tag als besondere Strafe, immer allein zu sein.«

DURCHHALTEN, 1943

»In der Zelle bin ich allein, aber ich empfinde keine Einsamkeit. Ich habe hier mehrere gute Freunde: Bücher, die Maschine, auf der ich Knöpfe produziere, einen Tonkrug, mit dem sich gut Scherzen läßt (er erinnert mich an einen Kumpan, der lieber Wein als Wasser in sich hätte), und ganz unten in einer Ecke eine Spinne. Was kann man mit diesen Kameraden doch alles reden, man kann in Erinnerungen schwelgen und singen, es ist nahezu unglaublich. Und die Maschine, wie versteht sie zu sprechen, je nachdem, was für eine Stimmung ich gerade habe – wir verstehen uns ausgezeichnet. Nur wenn ich einmal vergesse, sie abzureiben, wird sie böse und brummt, bis ich ihr wieder meine Aufmerksamkeit zuwende.«

Gusta Fučiková: Mein Leben mit Julius Fučik – Erinnerungen, 1976, Berlin, Auszug
Der tschechische Widerstandskämpfer Julius Fučik schreibt seiner Frau am 11. Juli 1943 in einem Brief, wie es ihm gelingt, seine Einsamkeit zu ertragen. Zwei Monate muss der Kommunist in Bautzen II in strenger Isolationshaft verbringen. Vom Volksgerichtshof in Berlin verurteilt, wird er im September 1943 in Plötzensee hingerichtet.

Sammlung Gedenkstätte Bautzen

Strafgefängnis und Untersuchungshaftanstalt Bautzen

Zur Beachtung und Aufbewahrung!

1. Briefverkehr

Hier untergebrachte Strafgefangene dürfen alle 8 4 Wochen einen Brief absenden und empfangen. Für dringende Fälle werden Ausnahmen bewilligt.

Die Briefe müssen gut leserlich und mit Tinte geschrieben sein. Sie dürfen höchstens 4 gewöhnliche oder 2 große Briefseiten umfassen. Es ist unzulässig, Geld, Briefmarken oder Zeitungsausschnitte beizulegen. Die Anstalt übernimmt keine Haftung.

Briefe, die in einer anderen als der deutschen Sprache abgefaßt sind, müssen erst übersetzt werden; ihre Aushändigung wird dadurch verzögert. Es empfiehlt sich daher, die Briefe in deutscher Sprache abzufassen.

2. Besuchsverkehr

Der Reichsbahn müssen alle unnötigen Belastungen erspart werden. Deshalb wird die Genehmigung zu Besuchen von Strafgefangenen nur in solchen Fällen erteilt, bei denen zwingende Gründe eine persönliche Aussprache notwendig machen.

3. Zusendungen

Das Zusenden oder Mitbringen von Lebens- oder Genußmitteln ist nicht zulässig. Zusendungen von Gegenständen, die der Körperpflege oder der Fortbildung dienen, sind nur mit vorheriger Genehmigung der Anstalt zulässig, andernfalls werden sie an den Absender zurückgesandt. Nicht zugelassen ist insbesondere die Zusendung von Spiegeln mit Rückwand, Seife (auch Rasierseife), Zahnpasta, Heilmitteln, Schreibheften, Zeitungen und Zeitschriften. Die Zusendung von Kleidungsstücken für die Entlassung wird auf Antrag genehmigt.

Wenn Sie diese Vorschriften genau beachten, ersparen Sie sich Verdruß. Versuchen Sie nicht heimlichen Verkehr mit dem Gefangenen. Sie schaden damit dem Gefangenen und bringen sich um die Erlaubnis weiteren Verkehrs.

Seien Sie vorsichtig, wenn Entlassene Sie besuchen!

Der Vorstand

Merkblatt für Angehörige, 1944/45
Im Krieg werden die Kontaktmöglichkeiten der Inhaftierten stark eingeschränkt. Gefängnisdirektor Rudolf Plischke informiert die Angehörigen, dass Besuche nur noch in Ausnahmefällen erlaubt sind.

Schwules Museum Berlin

Begünstigung und (Front-)bewährung von Straftätern

Straftäter werden von der NS-Justiz mitunter bevorzugt behandelt, wenn sie politische Funktionen im NS-Regime ausüben oder sich ansonsten zum Nationalsozialismus bekennen. Sie erhalten aus politischen Erwägungen Begnadigungen, Hafterleichterungen oder Strafverkürzungen, sogar bei schwersten Delikten. Insbesondere während des Krieges ist die Justiz willfährige Stütze des NS-Regimes. Sie zwingt Gefangene nicht nur zur Arbeit für die Rüstungsindustrie, sondern liefert auch Häftlinge für den Kriegsdienst in Straf- oder Sonderformationen von Wehrmacht und SS. Dies geschieht unter dem Vorwand einer Bewährungsmöglichkeit, ist aber tatsächlich der immer ungünstigeren militärischen Lage Nazideutschlands geschuldet. Überleben die ehemaligen Häftlinge ihre Kampfeinsätze und zeigen gute Führung, werden sie amnestiert.

GERHARD HEUER (1914–1945)

1941 ZU ZUCHTHAUS BEGNADIGT IN BAUTZEN I

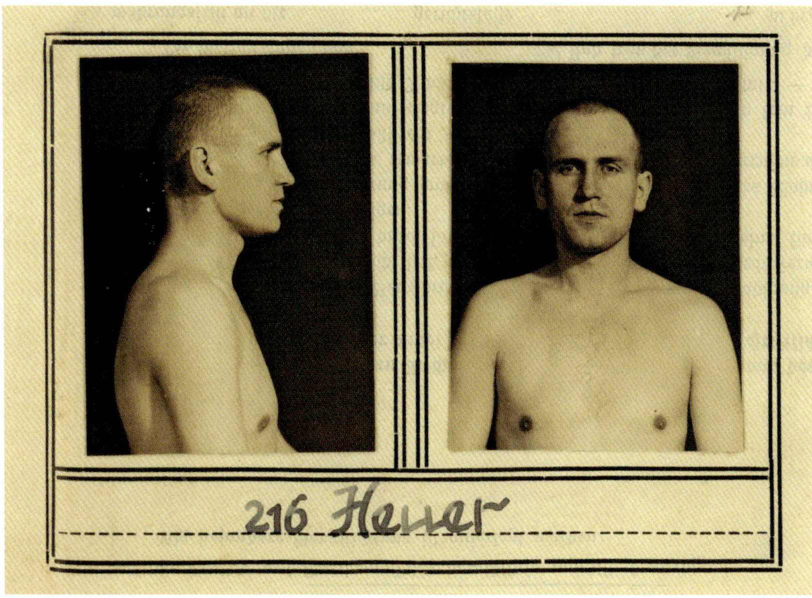

Gerhard Heuer, 1941,
Foto aus der Gefangenenakte, Bautzen I

Staatsarchiv Chemnitz

Obwohl der SS-Angehörige Gerhard Heuer 1940 einen Mord begeht und die Justiz ihn zum Tode verurteilt, muss er nur knapp drei Jahre im Gefängnis verbüßen. Als Gefangener stellt Heuer im Mai 1942 den Antrag auf Verwendung an der Front und wird ein Jahr später zur Wehrmacht eingezogen.

Gerhard Heuer verliebt sich im Sommer 1938 in Breslau (heute Wrocław) in eine Frau aus Reichenberg (heute Liberec). Das Paar hegt Heiratspläne, wofür Heuer auch die nötige Genehmigung der SS bekommt. Doch Ende 1939 überlegt es sich die Verlobte anders: Heuer ist ihr zu herrschsüchtig. Nach vergeblichen

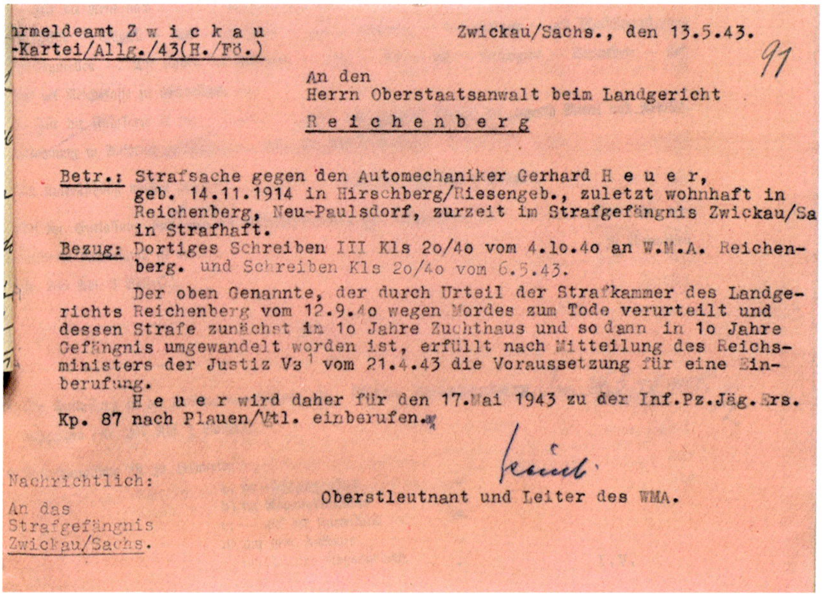

rmeldeamt Z w i c k a u
-Kartei/Allg./43(H./Fö.)

Zwickau/Sachs., den 13.5.43.

91

An den
Herrn Oberstaatsanwalt beim Landgericht
R e i c h e n b e r g

Betr.: Strafsache gegen den Automechaniker Gerhard H e u e r, geb. 14.11.1914 in Hirschberg/Riesengeb., zuletzt wohnhaft in Reichenberg, Neu-Paulsdorf, zurzeit im Strafgefängnis Zwickau/Sa in Strafhaft.

Bezug: Dortiges Schreiben III Kls 2o/4o vom 4.1o.4o an W.M.A. Reichenberg. und Schreiben Kls 2o/4o vom 6.5.43.

Der oben Genannte, der durch Urteil der Strafkammer des Landgerichts Reichenberg vom 12.9.4o wegen Mordes zum Tode verurteilt und dessen Strafe zunächst in 1o Jahre Zuchthaus und sodann in 1o Jahre Gefängnis umgewandelt worden ist, erfüllt nach Mitteilung des Reichsministers der Justiz Vs 1 vom 21.4.43 die Voraussetzung für eine Einberufung.

H e u e r wird daher für den 17.Mai 1943 zu der Inf.Pz.Jäg.Ers. Kp. 87 nach Plauen/Vtl. einberufen.

Oberstleutnant und Leiter des WMA.

Nachrichtlich:
An das
Strafgefängnis
Zwickau/Sachs.

Schreiben des Wehrmeldeamtes, 1943, Zwickau
Heuer wird schon nach Verbüßung von weniger als einem Drittel der Strafzeit zur Wehrmacht eingezogen, wird aber in keine Strafkompanie versetzt.

Staatsarchiv Chemnitz

Versuchen, sie doch noch zur Heirat zu überreden, lauert Heuer ihr auf und erschießt sie. Anschließend versucht Heuer erfolglos, sich selbst umzubringen. Das Landgericht Reichenberg verurteilt ihn zum Tode. Er ist bereits zur Exekution in die Untersuchungshaftanstalt Münchner Platz in Dresden überstellt, wird jedoch 1941 vom Reichsjustizminister zu zehn Jahren Zuchthausstrafe begnadigt. Die Strafe soll aber im weniger strengen Gefängnisvollzug vollstreckt werden. Heuer kommt zunächst nach Bautzen I, wird jedoch einen Monat später nach Zwickau verlegt. 1943 zieht ihn die Wehrmacht in eine Panzerjäger-Kompanie ein. Heuer fällt 1945 in Norditalien.

ALFRED MAMMITZSCH (1910–1991)

1939–1940 UNTERSUCHUNGS- UND STRAFGEFANGENER IN BAUTZEN II UND BAUTZEN I

Alfred Mammitzsch als Wilderer, vor 1933

privat

Alfred Mammitzsch verbüßt wegen mehrfachen Wilddiebstahls seine Strafe in Bautzen. Auf Betreiben des Reichsführers SS, Heinrich Himmler, wird er nach kurzer Haft in die SS-Sondereinheit Dirlewanger gepresst.

Der Steinbrucharbeiter Alfred Mammitzsch wildert jahrelang in den Wäldern um Coswig und Moritzburg. Er wird 1939 ertappt und in Bautzen II inhaftiert. Das Landgericht Dresden verurteilt ihn zu zwei Jahren Gefängnis, die er in Bautzen I verbüßen soll.

Im März 1940 verfügt Adolf Hitler, dass sämtliche bestraften Wilderer in einer besonderen Einheit der SS einzusetzen seien. Mammitzsch wird in das KZ Sachsenhausen überstellt und dort militärisch ausgebildet.

Die SS-Sondereinheit Dirlewanger wird in den okkupierten Ostgebieten zur Bewachung jüdischer Zwangsarbeiter, zur Bekämpfung von Partisanen und zur Niederschlagung des Warschauer Aufstandes eingesetzt. Bei diesen Operationen gegen die Zivilbevölkerung geht die Einheit äußerst brutal vor, zehntausende Menschen werden ermordet.

Mammitzsch verliert 1944 bei der Niederschlagung des Warschauer Aufstandes seinen rechten Unterschenkel. Er lebt bis 1991 unbehelligt in Coswig bei Dresden.

Alfred Mammitzsch als Angehöriger der SS-Sondereinheit Dirlewanger, um 1943
Er ist an zahlreichen Einsätzen gegen die Zivilbevölkerung in Osteuropa beteiligt, die er in seinem Fotoalbum dokumentiert.

privat

Ausländer im Strafvollzug

Das NS-Regime erobert im Krieg eine Vielzahl europäischer Länder. Die deutschen Besatzer gehen mit rigider Strenge gegen die einheimische Bevölkerung vor. Bereits geringfügigste Vergehen oder Widerstandshandlungen werden von der Besatzungsjustiz mit Freiheitsstrafen belegt, die in vielen Fällen in Deutschland zu verbüßen sind.

Während der Zeit des »totalen Krieges« ab 1943 werden zudem unzählige Menschen aus den besetzten Ländern als Arbeitskräfte nach Deutschland deportiert. Sie unterliegen einem strikten Arbeitszwang und schikanösen Verhaltensvorschriften. Kleinste Verstöße werden auch hier mit Freiheitsentzug geahndet. So finden sich immer mehr Ausländer in den deutschen Gefängnissen wieder, wo sie eine noch schlechtere Behandlung erfahren als Einheimische. In den Bautzener Gefängnissen bilden die tschechischen Gefangenen die größte Ausländergruppe.

MILADA MAREŠOVÁ (1901–1987)

1941–1942 UNTERSUCHUNGSGEFANGENE IN BAUTZEN II

Milada Marešová, um 1930

Magazin Rozpravy Aventina

Nach der Besetzung der tschechoslowakischen Republik wendet sich die Künstlerin Milada Marešová dem Widerstand zu: Sie entwirft Titelblätter für die Untergrundzeitung »V boj« (In den Kampf). Im Herbst 1940 wird sie verhaftet.

Milada Marešová wird in Prag als Tochter eines Hochschullehrers geboren. Sie studiert bildende Künste in ihrer Heimatstadt und beginnt 1923 als freischaffende Malerin und Illustratorin zu arbeiten. 1941 wird sie über das Gefängnis Münchner Platz Dresden nach Bautzen II eingeliefert. Vor dem Volksgerichtshof

in Berlin angeklagt, bekommt sie eine Strafe von zwölf Jahren Zuchthaus, die sie in Waldheim antritt. In ihren größtenteils unmittelbar nach der Haftzeit angefertigten Zeichnungen thematisiert Marešová die Haft und karikiert zudem das Waldheimer Gefängnispersonal. Nach dem Krieg arbeitet sie wieder als Illustratorin.

Freihof von Bautzen II, 1941
Zeichnung von Milada Marešová

Gedenkstätte Theresienstadt

Sie tritt in die kommunistische Partei ein, wird aber wegen ihres Engagements für den »Sozialismus mit menschlichem Antlitz« unter Führung des Reformkommunisten Alexander Dubček 1969 nach der Besetzung der Tschechoslowakei durch Truppen des Warschauer Paktes ausgeschlossen.

Belohnung und Bestrafung im Strafvollzug

Im Gefängnis unterliegen die Häftlinge einem strengen Reglement: In der Hausordnung ist festgelegt, was die Gefangenen dürfen und was nicht. Zur Durchsetzung bedienen sich die Gefangenenwärter eines ausgeklügelten Instrumentariums. Die Häftlinge sind dabei immer auch den Charakteren und Launen der Bediensteten ausgesetzt.

Neu aufgenommenen Gefangenen wird klar gemacht, dass nur bei guter Führung und mindestens 100-prozentiger Arbeitsleistung Aussicht auf eine vorzeitige Entlassung besteht. Kleinere Verstöße gegen die Gefängnisdisziplin führen zu Ermahnungen der Häftlinge, bei wiederholten oder schwerwiegenderen Verstößen sperrt man sie separiert in spezielle Arrestzellen. Dabei werden den Arrestanten die Essensportionen reduziert oder sogar eine Zeit lang ganz entzogen. Außerdem verlängert sich die Haftzeit um die Dauer des Arrestes. Auch eigentlich illegale Prügelstrafen gehören zum Repertoire der Gefängniswärter.

Deutschlandberichte der Sopade, 1936–1940
Die politische Zeitschrift der SPD-Führung im Exil schildert unzensiert das Leben im Deutschen Reich. Ehemalige Häftlinge berichten darin auch über die Zustände in den Bautzener Gefängnissen.

Sammlung Gedenkstätte Bautzen

Wehrmacht-Einheitskanister der Firma Nowack AG, 1943
Häftlinge des Gefängnisses Bautzen I schweißen die Kanister zusammen.

Sammlung Gedenkstätte Bautzen

HERMANN GÄRTNER (1891–UNBEKANNT)

1920–1942 OBERWACHTMEISTER

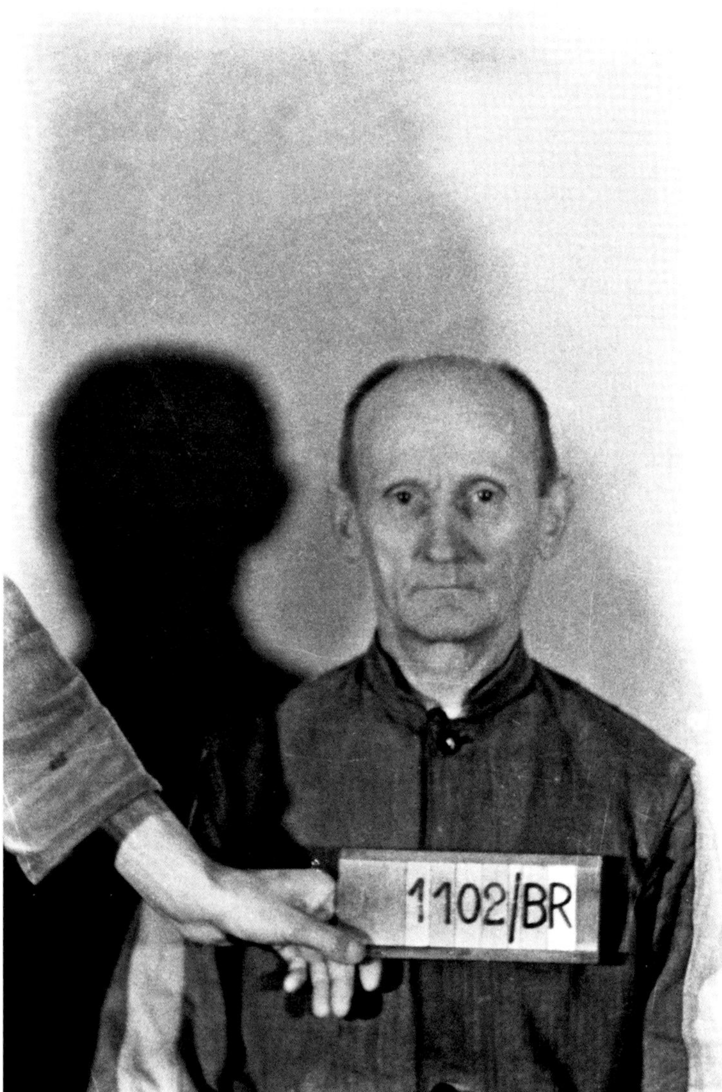

Hermann Gärtner, nach 1950
Foto aus der Gefangenenakte, Strafanstalt Brandenburg

Bundesarchiv Berlin-Lichterfelde

Gefangene erleben Hermann Gärtner als strengen und mitunter brutalen Beamten. Er misshandelt Häftlinge und verstößt gegen Dienstvorschriften.

Hermann Gärtner beginnt 1920 seine Ausbildung im Bautzener Strafvollzug und ist unter Häftlingen wegen der Anwendung der Prügelstrafe und anderer Brutalitäten gefürchtet. Bei der Rüstungsfirma Nowack AG beaufsichtigt er 1941 zur Außenarbeit herangezogene Gefangene. Ein Häftling schmuggelt einen Brief nach draußen und wird von Mithäftlingen verraten. Seine Angst vor Bestrafung durch Gärtner ist so groß, dass er sich mit dessen unzureichend verwahrter Dienstwaffe erschießt. Gefängnisdirektor Plischke erteilt Gärtner lediglich einen Verweis und bescheinigt dem NSDAP- und SA-Mitglied Diensteifrigkeit und Pflichtbewusstsein.

1945 wird er interniert und 1948 von einem sowjetischen Militärtribunal zu lebenslanger Haft verurteilt. Gärtner soll als Gefängnisbeamter in den besetzten Ostgebieten Häftlinge gefesselt und zur Hinrichtung geführt haben. Zeitweise sitzt er in seiner früheren Arbeitsstelle Bautzen I in Gewahrsam. 1956 kommt er vorzeitig aus der Vollzugsanstalt Brandenburg frei.

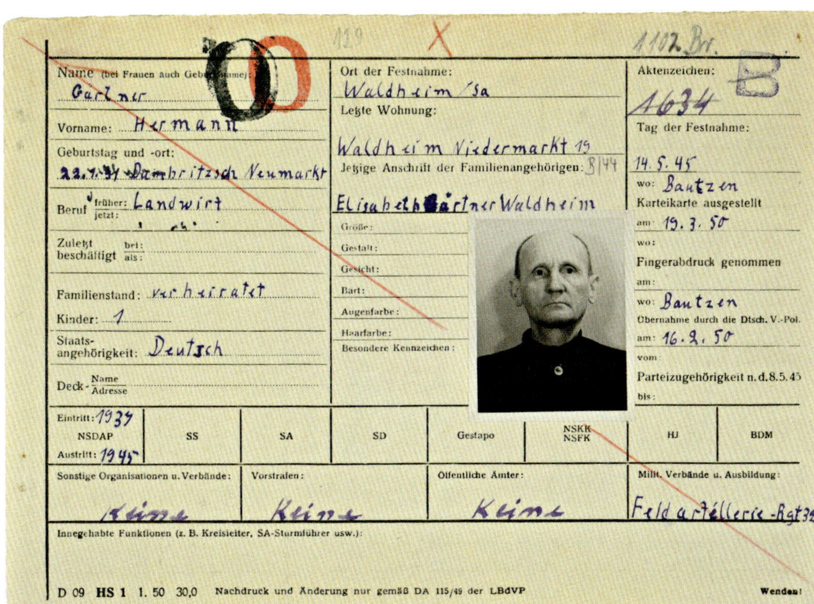
Name (bei Frauen auch Geburtsname): Gartner
Vorname: Hermann
Geburtstag und -ort: 22.1.94 Dambritzsch Neumarkt
Beruf früher: Landwirt
Zuletzt beschäftigt bei: als:
Familienstand: verheiratet
Kinder: 1
Staatsangehörigkeit: Deutsch
Deck-Name / Adresse
Ort der Festnahme: Waldheim/Sa
Letzte Wohnung: Waldheim Niedermarkt 19
Jetzige Anschrift der Familienangehörigen: Elisabeth Gärtner Waldheim
Größe: Gestalt: Gesicht: Bart: Augenfarbe: Haarfarbe: Besondere Kennzeichen:
Aktenzeichen: 1634
Tag der Festnahme: 14.5.45
wo: Bautzen
Karteikarte ausgestellt am: 19.3.50
Fingerabdruck genommen am:
wo: Bautzen
Übernahme durch die Dtsch. V.-Pol. am: 16.2.50
Parteizugehörigkeit n.d.8.5.45
NSDAP Eintritt: 1937 Austritt: 1945 | SS | SA | SD | Gestapo | NSKK NSFK | HJ | BDM
Sonstige Organisationen u. Verbände: Keine
Vorstrafen: Keine
Öffentliche Ämter: Keine
Milit. Verbände u. Ausbildung: Feldartellerie-Rgt 32
Innegehabte Funktionen (z. B. Kreisleiter, SA-Sturmführer usw.):
D 09 HS 1 1. 50 30,0 Nachdruck und Änderung nur gemäß DA 115/49 der LBdVP
Wenden!

Haftkarteikarte Hermann Gärtners, März 1950, Bautzen
Gärtner ist nun selbst Häftling in Bautzen I.

Bundesarchiv Berlin-Lichterfelde

DIE G... NGNISSE
...r Gefängnisse sind durch die heran-
...nt direkt vom Krieg betroffen. Bautzen I
...cher Stützpunkt. Mitte April, wenige Tage
...en Kampfhandlungen, werden evakuierte
...us Radebeul wieder nach Bautzen zurück-
...ollen als Volkssturmangehörige gemein-
...vollzugsbediensteten Bautzen verteidigen.
...pfe toben im April 1945 um die Haft-
...ehrmachts- und Volkssturmeinheiten
...sich in Bautzen I. Sie werden nach einem
...Roten Armee überrannt und größtenteils
Oskar Huste kämpft im April 1945 als Zugführer in einer aus Strafgefangenen und Bediensteten rekrutierten Bautzener Volkssturmkompanie.
Oskar Huste tritt 1920 vom Militär zum Strafvollzug über. Von einer kurzen Zeit in der Landesanstalt Sachsenburg abgesehen verbringt er fast sein gesamtes Berufsleben im Bautzener Strafvollzug. Im Februar 1945 begleitet er nicht die Evakuierung nach Leipzig, sondern bleibt in Bautzen II. Die Anstaltsleitung verpflichtet ihn im April 1945 zum Volkssturm.
Hustes Kompanie wird in den Bautzener Kämpfen auseinandergerissen. Er schließt sich einem Landesschützenbataillon an und ist an den Kämpfen am Schützenhaus und am Holzmarkt beteiligt. Nach Zusammenführung der überlebenden Strafgefangenen werden diese unter seinem Kommando zu Schanzarbeiten in der Region eingesetzt. Nach Kriegsende ist Huste wieder im Strafvollzug tätig und baut die Untersuchungshaftanstalt in der Bautzener Paulistraße mit auf. Trotz positiver Leumundszeugnisse und obwohl er kein Mitglied der NSDAP war, wird Huste 1948 aufgrund seiner Tätigkeit im NS-Strafvollzug entlassen.
1946
Huste, Oskar
Oskar Huste, Foto aus
...er Nachkriegs-Personalakte, 1946
Hauptstaatsarchiv Dresden
OSKAR HUSTE
(1893–1980)
WACHTMEISTER
...948 ...AUTZEN I UND II

1945
Kriegsende in Bautzen

Mitte April 1945, nur wenige Tage vor dem Ende des Zweiten Weltkrieges, finden in Bautzen umfangreiche Kampfhandlungen statt. Die Stadt wird von der Roten Armee und von polnischen Verbänden eingekesselt und größtenteils besetzt. Angehörige der Wehrmacht, der Hitlerjugend sowie des Volkssturms verschanzen sich in den Kasernen, im Gefängnis Bautzen I und auf der Ortenburg. Ein tagelang geführter Häuserkampf innerhalb der Stadt bestimmt die Schlacht um Bautzen, die durch eine letzte große Panzeroffensive noch einmal zugunsten Deutschlands entschieden wird. Im Zuge der Kampfhandlungen kommt es bei allen Parteien zu Kriegsverbrechen. Obwohl größere Teile der Stadt zerstört werden, erleiden die Gefängnisbauten keine schweren Schäden. In der kurzen Zeit bis Kriegsende, in der Bautzen wieder zum nationalsozialistischen Machtbereich zählt, fällen militärische Standgerichte Todesurteile gegen Kriegsmüde und Deserteure.

Evakuierung nach Leipzig und Befreiung

Ende 1944 rücken die Alliierten den Gefängnissen immer näher. Zuerst verlagern die in den Haftanstalten tätigen Rüstungsbetriebe ihre Fertigungen Richtung Westen, dann werden Häftlinge aus den östlichen Gebieten nach Bautzen verlegt. Die Gefängnisse sind deshalb überfüllt und die Versorgungslage spitzt sich zu. Mitte Februar 1945 erfolgt die Räumung der Bautzener Gefängnisse: Häftlinge mit nur noch geringem Strafrest werden entlassen, die übrigen teils mit der Bahn, meist aber zu Fuß nach Radebeul und Leipzig geschickt. Dort treffen sie nach ein- bis zweiwöchigen Märschen in eisiger Kälte größtenteils krank und vollkommen verelendet ein. Gefängnisdirektor Plischke führt persönlich einen solchen Treck.

Bautzen II wird jedoch schon einen Tag nach der Räumung wieder in Betrieb genommen, da hier immer noch neue Häftlinge eingeliefert werden. Erst als Mitte April 1945 Bautzen schwer umkämpft ist, wird das Gefängnis geschlossen.

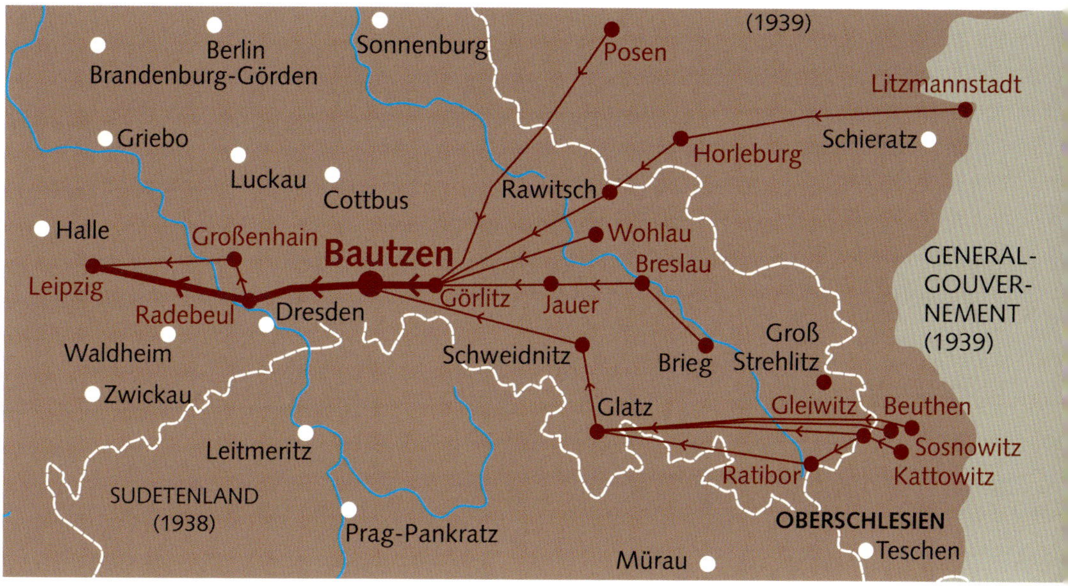

Kriegsbedingte Gefangenenverlegungen nach und Evakuierungen aus Bautzen, 1945

Die Gefängnisse im Osten werden ab Anfang 1945 wegen der heranrückenden Roten Armee geräumt. Bis Anfang Februar treffen mindestens 3 400 Häftlinge aus Posen, Breslau, Kattowitz und anderen Städten in den Bautzener Gefängnissen ein, die mit 3 200 Insassen bereits überfüllt sind. Mitte Februar werden schließlich auch die hiesigen Haftanstalten nach Westen evakuiert. Nur wenige Gefangene werden mit der Eisenbahn weggebracht.

Angeführt von ausgewähltem Gefängnispersonal geht der Großteil der Häftlinge in wochenlangen Märschen bei eisiger Kälte zu Fuß. Die Trecks führen über Radebeul, wo wenige Gefangene zurückbleiben, um für die Wehrmacht Schützengräben auszuheben. Weitere lagern bis Kriegsende in Großenhain. Die anderen Häftlinge kommen am 1. März 1945 im Gefängnis Leipzig-Kleinmeusdorf an. Von dort werden sie in die Haftanstalten Beethovenstraße und Moltkestraße verbracht.

KARL KRUPPA (1897 – 1949)

1907 – 1945 ANSTALTSLEHRER UND ABTEILUNGSLEITER IN BAUTZEN I

Karl Kruppa, 1946
Foto aus der Nachkriegs-Personalakte

Hauptstaatsarchiv Dresden

Bei der Räumung der Bautzener Gefängnisse übernimmt Karl Kruppa eine Häftlingskolonne und ist zwei Wochen lang zu Fuß unterwegs in das Gefängnis Leipzig-Kleinmeusdorf.

Über den Lehrerberuf kommt Karl Kruppa zum Strafvollzug: Im Jahre 1904 beginnt er eine Tätigkeit bei der Landesanstalt für sittlich gefährdete Kinder im sächsischen Bräunsdorf. 1907 wird er zur Jugendabteilung in Bautzen I versetzt. Er wirkt als Anstaltslehrer und steigt 1924 zum Abteilungsleiter auf. In Bautzen gehört Kruppa der Freimaurerloge »Zur Goldenen Mauer« an. Damit gilt er den Nationalsozialisten als politisch unzuverlässig, sein weiterer beruflicher Aufstieg ist verbaut. Bei der Räumung der Bautzener Gefängnisse überträgt ihm Gefängnisdirektor Plischke das Kommando über eine Häftlingskolonne. In Leipzig arbeitet Kruppa dann in den beiden Untersuchungshaftanstalten. Nach Kriegsende übernimmt er die Leitung der U-Haftanstalt Radebeul. Kruppa wird Anfang 1946 zum Regierungsrat befördert und ins sächsische Justizministerium versetzt. Obwohl er kein NSDAP-Mitglied war, entlässt man ihn Anfang 1947 im Rahmen der Entnazifizierung wegen seiner Funktion im NS-Strafvollzug.

Deutscher Gefängnisbeamter, die in den "Blättern für Gefängniskunde" ihr Sprachrohr hatte.

Am 17. Februar 1945 wurde die Anstalt Bautzen evakuiert, und ich zog mit dem Gefangenentreck in langen Wochenmärschen und unter manchen Beschwernissen über die Elbe nach Leipzig, wo ich am 1. März in der Anstalt Kleinmeusdorf (Frauengefängnis) ankam, und dann wenige Tage später meinen alten Dienst als Abteilungsleiter in der Hauptanstalt in Leipzig, Moltkestrasse, antrat, diesmal in einer Frauenabteilung, Nach Ostern wurde ich nach der Anstalt II in der Beethovenstrasse versetzt, wo ich besonders schwer unter feindlichen Bombenangriffen gelitten habe bis zum Einmarsch der Amerikaner Mitte April. Der von den Amerikanern eingesetzte Direktor der Hauptanstalt, ein früherer Gefangener, entliess die über 60 Jahre alten Beamten. Da ich kein Pg. war, wurde ich nur beurlaubt. Ich wandte mich darum an die neugegründete Landesverwaltung Sachsen mit der Bitte um weitere Verwendung im Gefängnisdienst. Ich wurde Mitte August zum kommissarischen Leiter der Untersuchungshaftanstalt Radebeul bestimmt und habe diese Anstalt neu eingerichtet, bis mich die Landesverwaltung zum besonderen Dienst als Sachbearbeiter für das Gefängniswesen im Bundeslande Sachsen am 30. Oktober zu sich berief. Seit 1.1.1946 wurde ich Regierungsrat. Damit wurde eine seit 13 Jahren erfahrene Zurücksetzung endlich eingeholt.

Kruppa. 18/7.1946.

Auszug aus dem Lebenslauf, Personalakte Karl Kruppa, 1946
In seinem Lebenslauf beschreibt Kruppa die Evakuierung von Bautzen I und den Fußmarsch in das Leipziger Gefängnis Kleinmeusdorf.

Hauptstaatsarchiv Dresden

ALFRED CLAR (1882 – 1945)

1944 – 1945 STRAFGEFANGENER IN BAUTZEN I

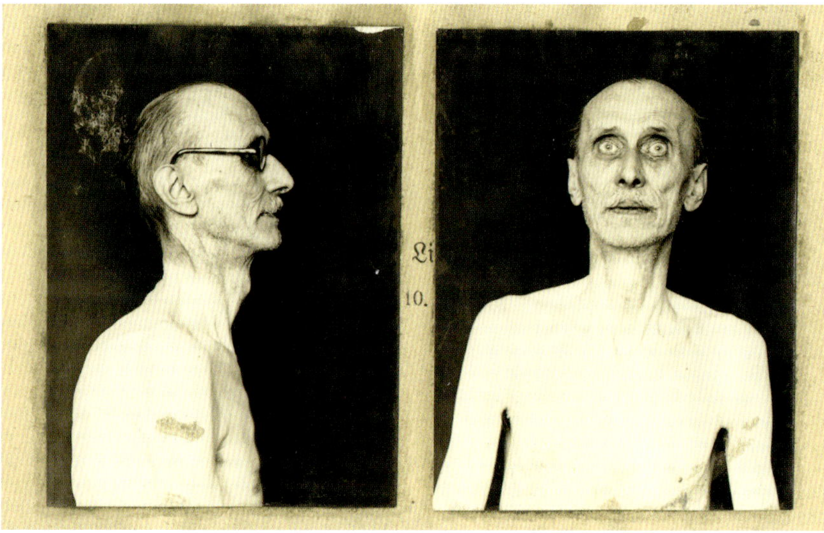

Alfred Clar, 1944
Foto aus der Gefangenenakte, Bautzen I

Staatsarchiv Leipzig

Als Mitte Februar 1945 die Bautzener Gefängnisse evakuiert werden, muss auch der herzkranke und unterernährte Alfred Clar mit auf den Marsch. Infolge der Strapazen verstirbt er Anfang Mai 1945 in seinem Heimatort.

Alfred Clar sympathisiert zunächst mit den Nationalsozialisten: Der aus Herrnskretschen (heute Hřensko) stammende Kaufmann tritt schon 1931 in die NSDAP ein. Doch 1936 wird er wegen Beitragsrückständen wieder ausgeschlossen. 1943 schreibt er aus seinem neuen Wohnort Dresden einen Brief an einen Be-

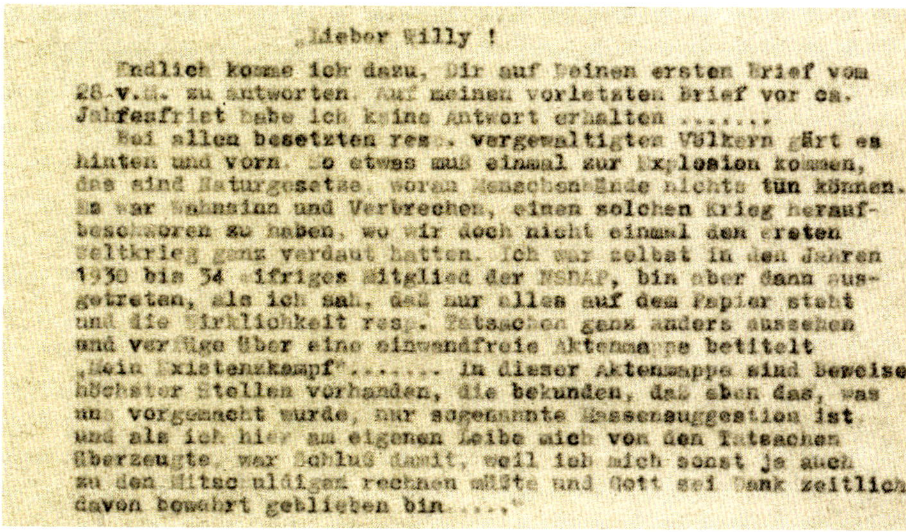
„Lieber Willy !

Endlich komme ich dazu, Dir auf Deinen ersten Brief vom 26.v.M. zu antworten. Auf meinen vorletzten Brief vor ca. Jahresfrist habe ich keine Antwort erhalten ....

Bei allen besetzten resp. vergewaltigten Völkern gärt es hinten und vorn. So etwas muß einmal zur Explosion kommen, das sind Naturgesetze, woran Menschenhände nichts tün können. Es war Wahnsinn und Verbrechen, einen solchen Krieg heraufbeschworen zu haben, wo wir doch nicht einmal den ersten Weltkrieg ganz verdaut hatten. Ich war selbst in den Jahren 1930 bis 34 eifriges Mitglied der NSDAP, bin aber dann ausgetreten, als ich sah, daß nur alles auf dem Papier steht und die Wirklichkeit resp. Tatsachen ganz anders aussehen und verfüge über eine einwandfreie Aktenmappe betitelt „Mein Existenzkampf"....... in dieser Aktenmappe sind Beweise höchster Stellen vorhanden, die bekunden, daß eben das, was uns vorgemacht wurde, nur sogenannte Massensuggestion ist und als ich hier am eigenen Leibe mich von den Tatsachen überzeugte, war Schluß damit, weil ich mich sonst ja auch zu den Mitschuldigen rechnen müßte und Gott sei Dank zeitlich davon bewahrt geblieben bin....."

Abschrift von Alfred Clars Brief, Januar 1944
Urteilsschrift des Sondergerichts Dresden

Hauptstaatsarchiv Dresden

kannten, in dem er den Krieg als Wahnsinn und Verbrechen sowie die Nazipropaganda als Massensuggestion bezeichnet. 1944 verurteilt ihn deshalb das Sondergericht Dresden zu anderthalb Jahren Gefängnis. Seine Strafe verbüßt er zunächst in Bautzen I.

Offenbar wegen seiner noch hohen Reststrafe kommt er nicht für eine vorzeitige Entlassung infrage. Nach der Evakuierung sitzt Clar vier Wochen in Leipzig ein. Mitte April 1945 wird er dort wegen der Kriegslage und seiner gesundheitlichen Verfassung doch noch vorzeitig entlassen und schlägt sich nach Hause durch, wo er aber bald verstirbt.

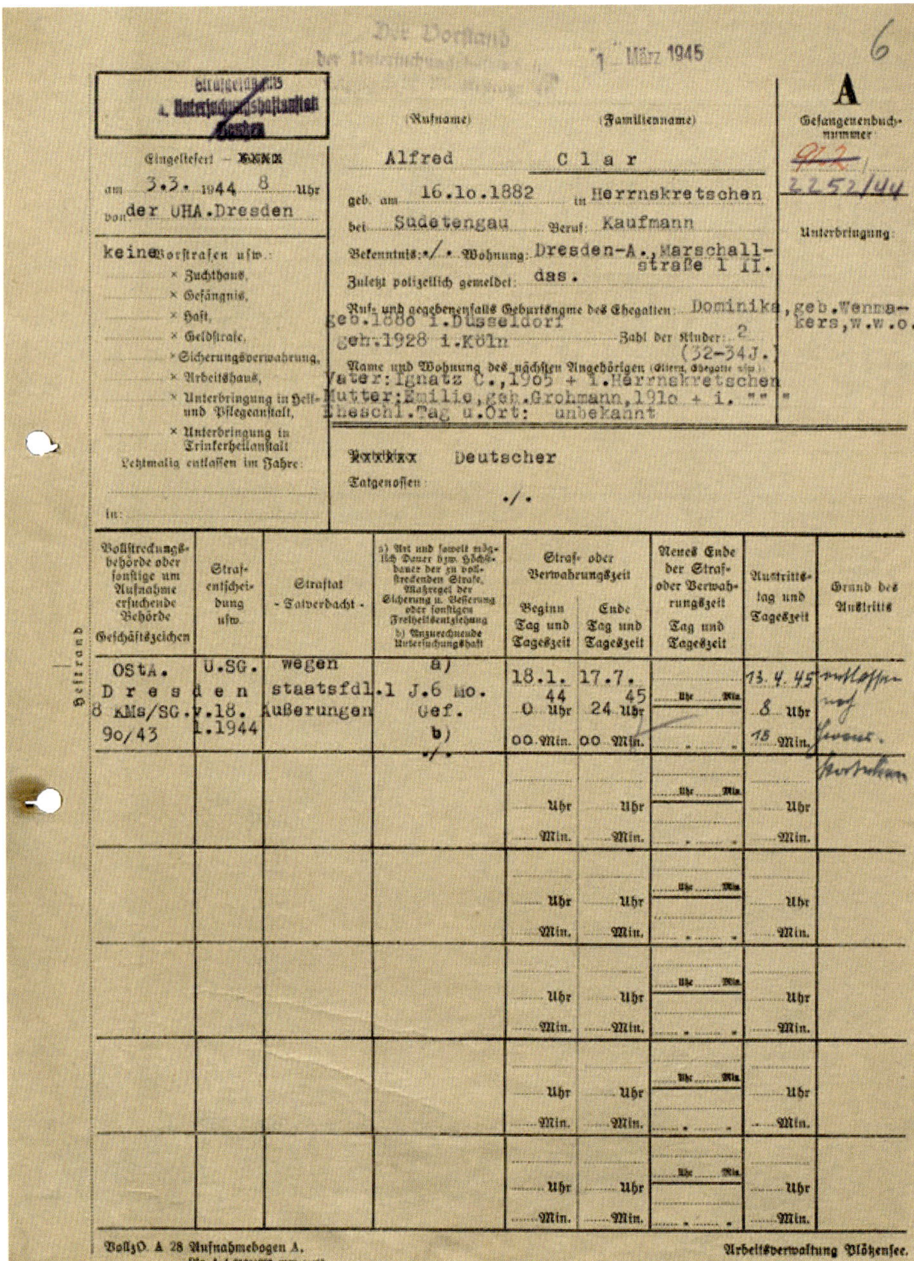

1. März 1945 6

A

Gefangenenbuchnummer: ~~972~~ 2252/44

Unterbringung:

[illegible] Untersuchungshaftanstalt [illegible]

(Rufname) Alfred (Familienname) C l a r

Eingeliefert am 3.3.1944 8 Uhr von der UHA.Dresden

geb. am 16.1o.1882 in Herrnskretschen bei Sudetengau Beruf: Kaufmann

Bekenntnis: ./. Wohnung: Dresden-A., Marschallstraße 1 II.

Zuletzt polizeilich gemeldet: das.

Ruf- und gegebenenfalls Geburtsname des Ehegatten: Dominika, geb. Wennmakers, w.w.o. geb.1886 i.Düsseldorf

geb.1928 i.Köln Zahl der Kinder: 2 (32-34J.)

Name und Wohnung des nächsten Angehörigen (Eltern, Ehegatte usw.): Vater: Ignatz C., 1905 + i.Herrnskretschen Mutter: Emilie, geb.Grohmann, 191o + i. " " Eheschl.Tag u.Ort: unbekannt

keine Vorstrafen usw.:
× Zuchthaus,
× Gefängnis,
× Haft,
× Geldstrafe,
× Sicherungsverwahrung,
× Arbeitshaus,
× Unterbringung in Heil- und Pflegeanstalt,
× Unterbringung in Trinkerheilanstalt

Letztmalig entlassen im Jahre:

in:

xxxxx Deutscher

Tatgenossen: ./.

Vollstreckungsbehörde oder sonstige um Aufnahme ersuchende Behörde Geschäftszeichen	Strafentscheidung usw.	Straftat - Tatverdacht -	a) Art und soweit möglich Dauer bzw. Höchstdauer der zu vollstreckenden Strafe, Maßregel der Sicherung u. Besserung oder sonstigen Freiheitsentziehung b) Anzurechnende Untersuchungshaft	Straf- oder Verwahrungszeit Beginn Tag und Tageszeit	Ende Tag und Tageszeit	Neues Ende der Straf- oder Verwahrungszeit Tag und Tageszeit	Austrittstag und Tageszeit	Grund des Austritts
OStA. Dresden 8 KMs/SG. 90/43	U.SG. v.18. 1.1944	wegen staatsfdl. Äußerungen	a) 1 J.6 Mo. Gef. b) ./.	18.1.44 0 Uhr 00 Min.	17.7.45 24 Uhr 00 Min.	Uhr Min.	13.4.45 8 Uhr 15 Min.	entlassen auf [illegible]

VollzO. A 28 Aufnahmebogen A.
Din A 4 210×297 mm weiß

Arbeitsverwaltung Plötzensee.

Aufnahmebogen Alfred Clar, 1944/45
Bautzen I, UHA Leipzig Moltkestraße
Der schwerkranke Clar trifft nach dem anstrengenden Marsch Anfang März 1945 in Leipzig ein. Noch vor der Befreiung der Stadt durch die Amerikaner wird er entlassen.

Staatsarchiv Leipzig

REIDAR BODIN (1922–1984)

1944–1945 STRAFGEFANGENER IN BAUTZEN I

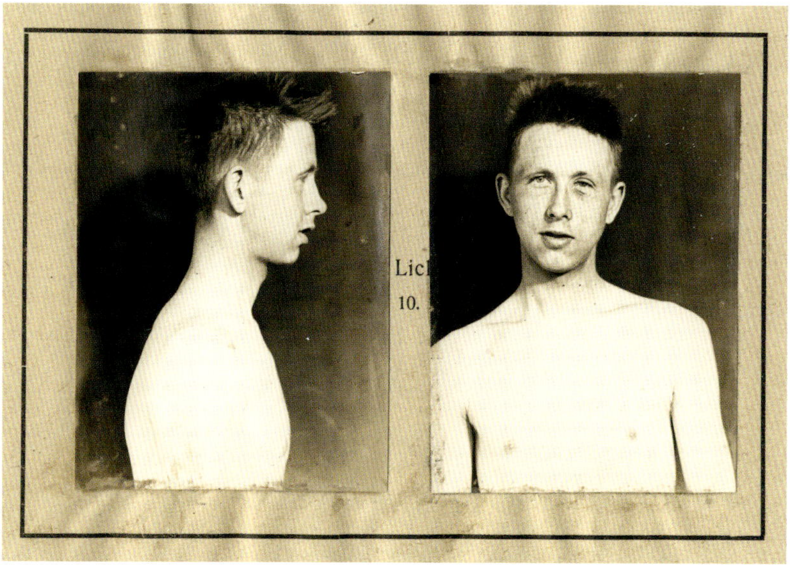

Reidar Bodin, 1943
Foto aus der Gefangenenakte, Gefängnis Hamburg-Fuhlsbüttel

Staatsarchiv Leipzig

Der Norweger Reidar Bodin wird im Februar 1945 in die Untersuchungshaftanstalt I in Leipzig evakuiert. Mitte April 1945 bringt ihn das Rote Kreuz mit der Rettungsaktion der Weißen Busse zurück nach Hause.

Reidar Bodin findet über seinen älteren Bruder zur norwegischen Widerstandsgruppe Eichinger in Kristiansand. Er nimmt an einer Schusswaffenschulung teil. Die deutsche Sicherheitspolizei verhaftet und vernimmt Bodin. Ein SS- und Polizeigericht in Oslo verurteilt ihn zu drei Jahren Gefängnis. Den Hauptteil seiner Haftstrafe sitzt Bodin in deutschen Gefängnissen ab: Zunächst kommt er nach Hamburg-Fuhlsbüttel, wo er an einem Brennofen für Granathülsen arbeiten muss. Dann wird er nach Bautzen I gebracht, wo er als Dreher für die Johne AG ebenfalls Granathülsen fertigt. Während der Evakuierung der Bautzener Gefängnisse wird Bodin mit der Eisenbahn nach Leipzig verlegt. In Leipzig überführt man ihn noch in ein Außenlager für die Junkers-Flugzeugwerke.

Wieder zurück in Norwegen lebt er bis 1984 in seiner Heimatstadt Kristiansand. Dort erinnert heute eine Gedenkstätte der Stiftung Arkivet – Zentrum für Geschichtsvermittlung und Friedensbildung – an das Schicksal der Mitglieder der Eichinger-Gruppe.

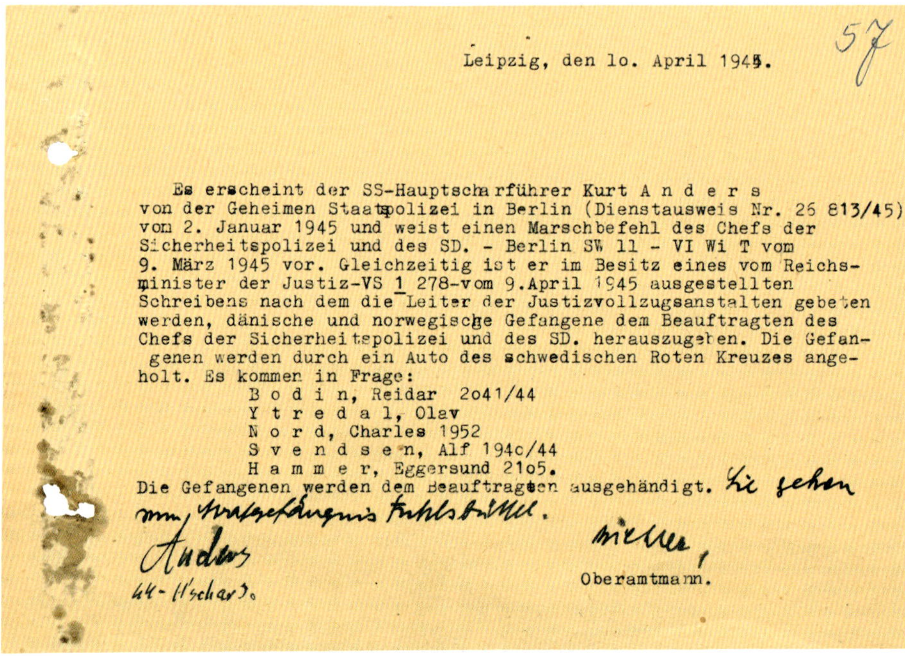

57

Leipzig, den 10. April 1945.

Es erscheint der SS-Hauptscharführer Kurt A n d e r s von der Geheimen Staatspolizei in Berlin (Dienstausweis Nr. 26 813/45) vom 2. Januar 1945 und weist einen Marschbefehl des Chefs der Sicherheitspolizei und des SD. - Berlin SW 11 - VI Wi T vom 9. März 1945 vor. Gleichzeitig ist er im Besitz eines vom Reichsminister der Justiz-VS 1 278-vom 9.April 1945 ausgestellten Schreibens nach dem die Leiter der Justizvollzugsanstalten gebeten werden, dänische und norwegische Gefangene dem Beauftragten des Chefs der Sicherheitspolizei und des SD. herauszugeben. Die Gefangenen werden durch ein Auto des schwedischen Roten Kreuzes angeholt. Es kommen in Frage:

B o d i n, Reidar 2041/44
Y t r e d a l, Olav
N o r d, Charles 1952
S v e n d s e n, Alf 1940/44
H a m m e r, Eggersund 2105.

Die Gefangenen werden dem Beauftragten ausgehändigt. Sie gehen nach Strafgefängnis Fuhlsbüttel.

Anders
SS-Uscharf.

Müller,
Oberamtmann.

Vermerk der Untersuchungshaftanstalt Leipzig über die Evakuierung skandinavischer Häftlinge, Leipzig 1945

Reidar Bodin wird zusammen mit den meisten anderen Bautzener Häftlingen nach Leipzig evakuiert. Kurz vor Kriegsende verhandelt das schwedische Rote Kreuz mit dem Reichsführer SS und Chef der Deutschen Polizei, Heinrich Himmler, dass sämtliche skandinavischen Gefangenen aus Deutschland evakuiert werden können. Kurz vor der Befreiung Leipzigs kommt auch Reidar Bodin mit den Weißen Bussen in die Heimat zurück.

Staatsarchiv Leipzig

Widerstandsgruppe von Robert Eichinger, nach 1945
Reidar Bodin ist in der mittleren Reihe als Zweiter von links zu sehen.

Gedenkstätte Stiftelsen Arkivet Kristiansand

Weiße Busse des Schwedischen Roten Kreuzes, 1945
Eine Buskolonne holt die skandinavischen Gefangenen aus Nazideutschland zurück in ihre Heimat.

Frihedsmuseet Kopenhagen

Kämpfe um die Gefängnisse

Die Bautzener Gefängnisse sind durch die heranrückende Front direkt vom Krieg betroffen, Bautzen I wird militärischer Stützpunkt. Mitte April, wenige Tage vor den letzten Kampfhandlungen, werden evakuierte Gefangene aus Radebeul wieder nach Bautzen zurückverlegt. Sie sollen als Volkssturmangehörige gemeinsam mit Strafvollzugsbediensteten Bautzen verteidigen.

Heftige Kämpfe toben im April 1945 um die Haftanstalten. Wehrmachts- und Volkssturmeinheiten verschanzen sich in Bautzen I. Sie werden nach einem Tag von der Roten Armee überrannt und größtenteils getötet.

Relikt einer Werfergranate, 1945
Bei Grabungsarbeiten auf dem Gelände der JVA Bautzen wird 2012 dieses Heckteil einer Werfergranate aus dem Zweiten Weltkrieg gefunden.

Sammlung Gedenkstätte Bautzen

OSKAR HUSTE (1893–1980)

1920–1948 WACHTMEISTER IN BAUTZEN I UND II

Oskar Huste, 1946, Foto aus der Nachkriegs-Personalakte

Hauptstaatsarchiv Dresden

Oskar Huste kämpft im April 1945 als Zugführer in einer aus Strafgefangenen und Bediensteten rekrutierten Bautzener Volkssturmkompanie.

Oskar Huste tritt 1920 vom Militär zum Strafvollzug über. Von einer kurzen Zeit in der Landesanstalt Sachsenburg abgesehen verbringt er fast sein gesamtes Berufsleben im Bautzener Strafvollzug. Im Februar 1945 begleitet er nicht die Evakuierung nach Leipzig, sondern bleibt in Bautzen II. Die Anstaltsleitung verpflichtet ihn im April 1945 zum Volkssturm.

Hustes Kompanie wird in den Bautzener Kämpfen auseinandergerissen. Er schließt sich einem Landesschützenbataillon an und ist an den Kämpfen am Schützenhaus und am Holzmarkt beteiligt. Nach Zusammenführung der überlebenden Strafgefangenen werden diese unter seinem Kommando zu Schanzarbeiten in der Region eingesetzt. Nach Kriegsende ist Huste wieder im Strafvollzug tätig und baut die Untersuchungshaftanstalt in der Bautzener Paulistraße mit auf. Trotz positiver Leumundszeugnisse und obwohl er kein Mitglied der NSDAP war, wird Huste 1948 aufgrund seiner Tätigkeit im NS-Strafvollzug entlassen.

HANS MEYER-HANNO (1906–1945)

1944–1945 STRAFGEFANGENER IN BAUTZEN I

Hans Meyer-Hanno, um 1943

Schwules Museum Berlin

Hans Meyer-Hanno geht im Februar 1945 auf einen achttägigen Evakuierungsmarsch nach Radebeul, wo er im Gerichtsgefängnis einsitzt. Im April transportiert man ihn nach Bautzen zurück und presst ihn in den Volkssturm.

Der Schauspieler Hans Meyer-Hanno hat Kontakte zur kommunistischen Widerstandsgruppe von Anton Saefkow. Wegen Vorbereitung zum Hochverrat und Feindbegünstigung verurteilt ihn 1944 der Volksgerichtshof in Berlin zu drei Jahren Gefängnis. Seine Strafe verbüßt er in Bautzen I. Zunächst muss er schwere

Transportarbeiten in einem Rüstungswerk leisten, denen er körperlich nicht gewachsen ist. Dann aber wird er zum Abgangsschreiber ernannt und erlebt vergleichsweise gute Haftbedingungen. Meyer-Hanno darf sogar an einem Theaterstück arbeiten. In Radebeul angekommen ändert sich seine Lage dramatisch: Er leidet unter äußerst schlechter Unterbringung, Dreck und Hunger. Zudem muss er beim Ausheben von Schützengräben wieder schwere körperliche Arbeit verrichten. Meyer-Hanno wird von Radebeul nach Bautzen rückgeführt. Während des Angriffs auf Bautzen möchte er nicht gegen die Sowjets kämpfen. Bei einem Fluchtversuch wird er unter ungeklärten Umständen erschossen.

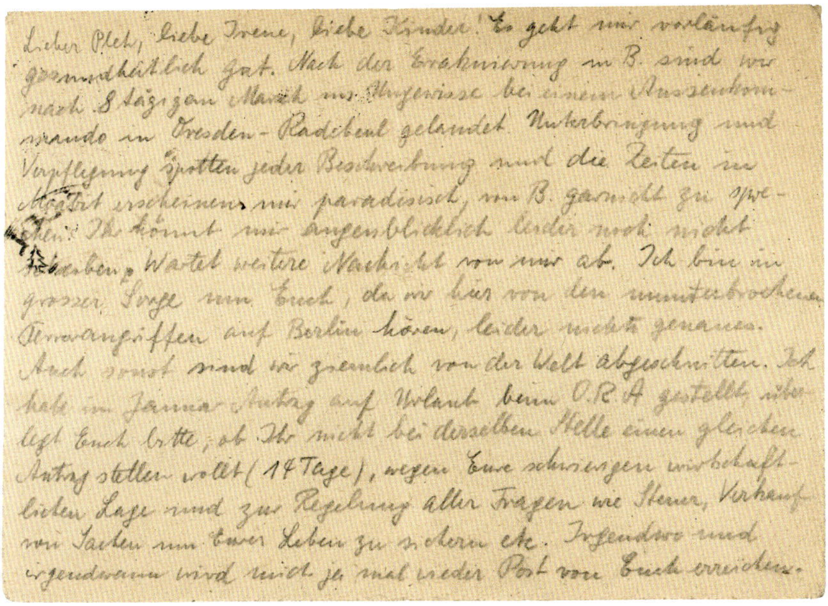

Lieber Pleh, liebe Irene, liebe Kinder! Es geht mir vorläufig gesundheitlich gut. Nach der Evakuierung in B. sind wir nach 8 tägigem Marsch ins Ungewisse bei einem Aussenkommando in Dresden-Radebeul gelandet. Unterbringung und Verpflegung spotten jeder Beschreibung und die Zeiten in Moabit erscheinen mir paradiesisch, von B. garnicht zu sprechen. Ihr könnt mir augenblicklich leider noch nicht schreiben, wartet weitere Nachricht von mir ab. Ich bin in grosser Sorge um Euch, da wir hier von den ununterbrochenen Terrorangriffen auf Berlin hören, leider nichts genaues. Auch sonst sind wir ziemlich von der Welt abgeschnitten. Ich habe im Januar Antrag auf Urlaub beim O.R.A gestellt, überlegt Euch bitte, ob Ihr nicht bei derselben Stelle einen gleichen Antrag stellen wollt (14 Tage), wegen Eure schwierigen wirtschaftlichen Lage und zur Regelung aller Fragen wie Steuer, Verkauf von Sachen um Euer Leben zu sichern etc. Irgendwo und irgendwann wird mich je mal wieder Post von Euch erreichen.

Postkarte von Hans Meyer-Hanno, März 1945
Er schildert die Umstände seiner Evakuierung aus Bautzen.

Schwules Museum Berlin

ERINNERUNGSKULT
IN DER DDR
Die SED-Parteiführung instrumentalisiert die Erinnerung an den kommunistischen Widerstand, um ihren Machtanspruch und ihre Politik zu legitimieren. Das Geschichtsbild in der SED-Diktatur betont einseitig die kommunistischen Opfer. Juden, Sinti und Roma, Homosexuelle und andere NS-Verfolgte sind verdrängte Opfergruppen.
Bis zum Ende der DDR ist der verordnete Antifaschismus fest im Alltag der Ostdeutschen verankert: Straßennamen, Schulen, Volkseigene Betriebe und Arbeitsbrigaden tragen die Namen verfolgter Kommunisten. Fast unzählige Gedenktafeln und Denkmale erinnern an die verfolgten Antifaschisten. Die in den Bautzener Gefängnissen inhaftierten Kommunisten Ernst Thälmann und Julius Fučík werden zu Helden stilisiert. An ihren Haftstätten richtet die Volkspolizei Gedenkorte ein.
WILHELM BRUSE
(1881–1958)

Ab 1945
Nachgeschichte

Nach dem Untergang des NS-Regimes teilen die Besatzungsmächte Deutschland auf. Durch Kriegseinwirkungen sind viele Haftanstalten zerstört. Andere Gefängnisse werden von den Alliierten geöffnet und die Gefangenen teils ohne, teils mit Überprüfung ihrer Haftgründe freigelassen. Manche Haftanstalten bleiben aber auch in Betrieb.
In Bautzen übernimmt mit Kriegsende im Mai 1945 die sowjetische Besatzungsmacht die beiden Bautzener Gefängnisse. Bautzen I wird zum Speziallager, Bautzen II Untersuchungsgefängnis des sowjetischen Geheimdienstes.

Die Opfer der NS-Diktatur kämpfen für Entschädigung und Wiedergutmachung. Eine gesellschaftliche Aufarbeitung der NS-Zeit findet in Ost- wie Westdeutschland lange Zeit kaum statt. Die NS-Gefängnisse werden von der Geschichtsschreibung vergessen.
Ernst Thälmann wird zum Herzstück des antifaschistischen Gründungsmythos der DDR. Die SED erinnert einseitig an den kommunistischen Widerstand gegen den Nationalsozialismus.

Nicht befreit

Die nach Leipzig evakuierten Bautzener Gefangenen werden bei Kriegsende von amerikanischen Besatzungstruppen aus den Leipziger Haftanstalten befreit. Kapitalverbrecher bleiben weiter in Haft. Einige Bautzener Häftlinge werden zunächst nach Eisenach überführt.

Für homosexuelle Männer gilt das NS-Recht weiter: Das Kriegsende bedeutet für sie keine Freilassung. Die meisten der NS-Verschärfungen im Strafrecht verschwinden erst in den 1960er und 1970er Jahren.

Für Schwule existiert bis 1989 in der DDR und bis 1994 in der Bundesrepublik Deutschland noch ein Sonderstrafrecht.

PAUL MÜLLER (1916–UNBEKANNT)

1944–1945 STRAFGEFANGENER IN BAUTZEN I

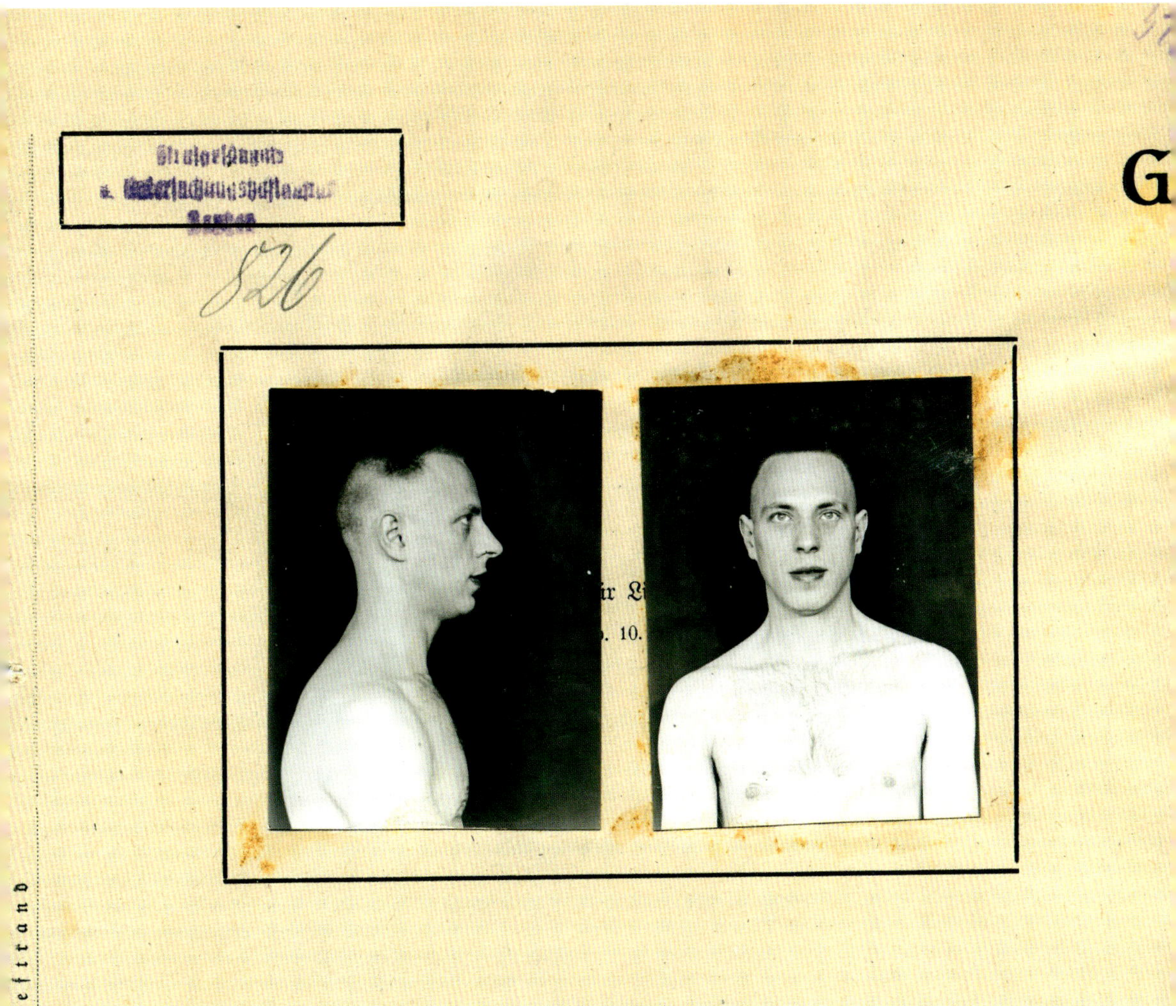

Paul Müller, 1944, Foto aus der Gefangenenakte, Bautzen I

Staatsarchiv Gotha

Paul Müller wird nach Leipzig evakuiert und dann nach Eisenach verlegt. Müller kommt bei Kriegsende nicht frei, der homosexuelle Mann bleibt weiter in Haft.

Im Zuge einer Razzia in einem bei Schwulen beliebten Café wird Paul Müller 1944 zusammen mit seinem Freund in Berlin verhaftet. Seine zweijährige Gefängnisstrafe wegen Verstoßes gegen § 175 StGB soll Müller in Bautzen I verbüßen.

Nach den Strapazen der zweimaligen Evakuierung verschlimmert sich nach Kriegsende im Sommer 1945 seine Nierenerkrankung und Müller muss ins Eisenacher Krankenhaus gebracht werden.

Er stellt im Oktober 1945 ein Gnadengesuch, welchem die Generalstaatsanwaltschaft Berlin jedoch nicht stattgibt. Die Strafvollstreckung wird lediglich unterbrochen und Müller kann nach Berlin zurück. Erst Anfang 1946 verzichtet die Generalstaatsanwaltschaft endgültig auf die weitere Vollstreckung der Strafe.

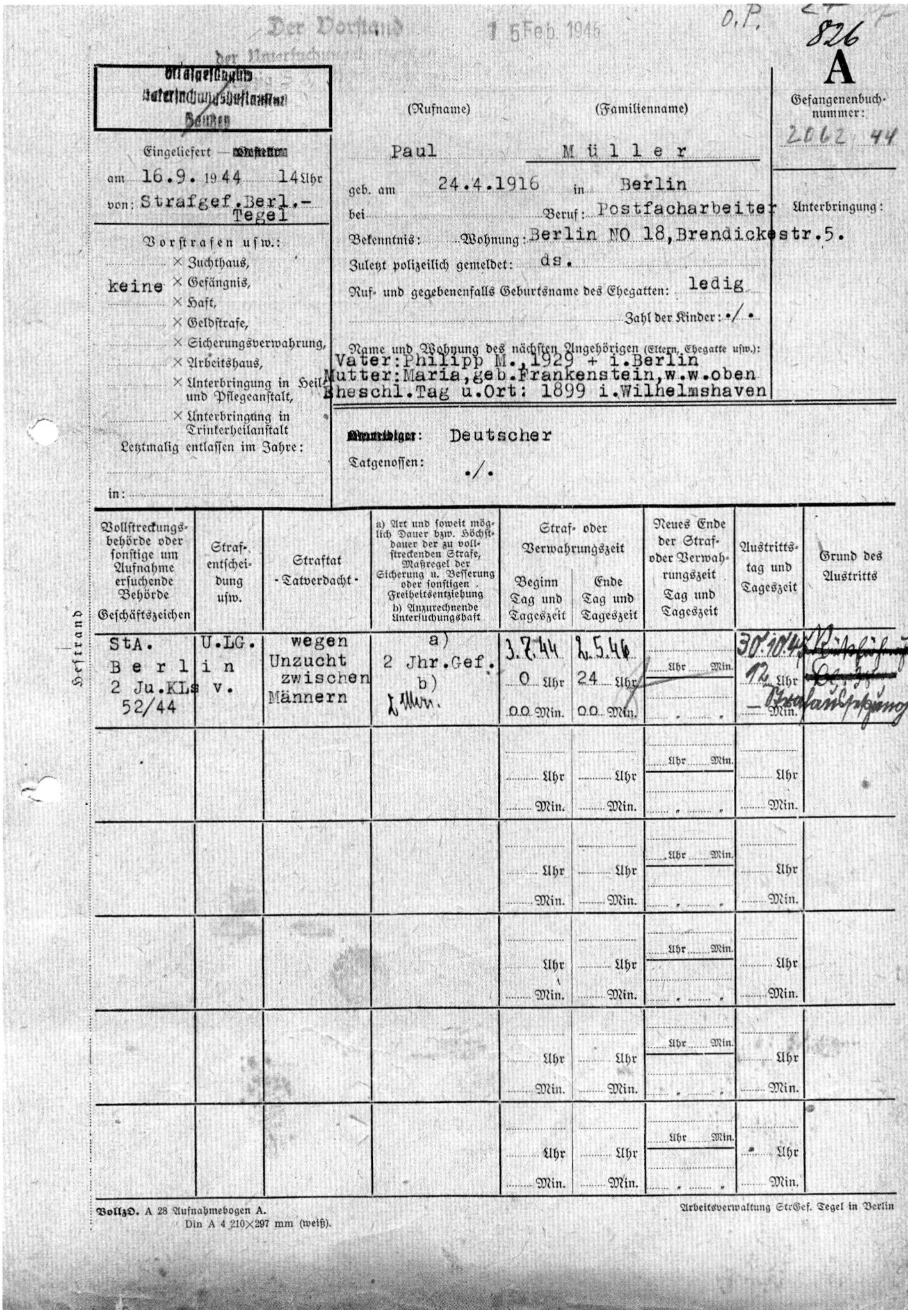

Der Vorstand 15. Feb. 1945 O.P. 826

A

Gefangenenbuchnummer: 2062/44

(Rufname) Paul (Familienname) Müller

Eingeliefert — am 16.9.1944 14 Uhr von: Strafgef. Berl.-Tegel

geb. am 24.4.1916 in Berlin

bei ... Beruf: Postfacharbeiter

Unterbringung:

Bekenntnis: ... Wohnung: Berlin NO 18, Brendickestr. 5.

Zuletzt polizeilich gemeldet: ds.

Ruf- und gegebenenfalls Geburtsname des Ehegatten: ledig

Zahl der Kinder: ./.

Vorstrafen usw.: keine

× Zuchthaus, × Gefängnis, × Haft, × Geldstrafe, × Sicherungsverwahrung, × Arbeitshaus, × Unterbringung in Heil- und Pflegeanstalt, × Unterbringung in Trinkerheilanstalt

Letztmalig entlassen im Jahre: ...

in: ...

Name und Wohnung des nächsten Angehörigen (Eltern, Ehegatte usw.):
Vater: Philipp M., 1929 + i. Berlin
Mutter: Maria, geb. Frankenstein, w.w.oben
Eheschl. Tag u. Ort: 1899 i. Wilhelmshaven

Staatsangehöriger: Deutscher

Tatgenossen: ./.

Vollstreckungsbehörde oder sonstige um Aufnahme ersuchende Behörde Geschäftszeichen	Strafentscheidung usw.	Straftat - Tatverdacht -	a) Art und soweit möglich Dauer bzw. Höchstdauer der zu vollstreckenden Strafe, Maßregel der Sicherung u. Besserung oder sonstigen Freiheitsentziehung b) Anzurechnende Untersuchungshaft	Straf- oder Verwahrungszeit Beginn Tag und Tageszeit	Straf- oder Verwahrungszeit Ende Tag und Tageszeit	Neues Ende der Straf- oder Verwahrungszeit Tag und Tageszeit	Austrittstag und Tageszeit	Grund des Austritts
StA. Berlin 2 Ju.KLs 52/44	U.LG. in v.	wegen Unzucht zwischen Männern	a) 2 Jhr. Gef. b) 2 Mon.	3.7.44 0 Uhr 00 Min.	2.5.46 24 Uhr 00 Min.	Uhr Min.	30.10.45 12 Uhr — Min.	~~Entlassung~~ Strafaussetzung
				Uhr Min.	Uhr Min.	Uhr Min.	Uhr Min.	
				Uhr Min.	Uhr Min.	Uhr Min.	Uhr Min.	
				Uhr Min.	Uhr Min.	Uhr Min.	Uhr Min.	
				Uhr Min.	Uhr Min.	Uhr Min.	Uhr Min.	
				Uhr Min.	Uhr Min.	Uhr Min.	Uhr Min.	

Heftrand

VollzO. A 28 Aufnahmebogen A. Din A 4 210×297 mm (weiß). Arbeitsverwaltung StrGef. Tegel in Berlin

Aufnahmebogen Paul Müller, Bautzen I, UHA Leipzig, Gefängnis Eisenach, 1944/45
Bereits am 15. Februar 1945 trifft Paul Müller in Leipzig ein. Erst Ende Oktober wird er aus dem Strafvollzug in Eisenach entlassen.

Staatsarchiv Gotha

Neuanfang im Strafvollzug

In der sowjetischen Besatzungszone wird die Entnazifizierung sehr viel umfassender durchgeführt als in den Westzonen. Belastete Gefängnisbedienstete werden in sowjetischen Speziallagern inhaftiert, die übrigen fast alle aus dem Dienst entlassen. Eine Prüfung ihrer individuellen Schuld erfolgt allerdings nicht.

Anfänglich gibt es Reformbemühungen für einen humaneren Strafvollzug, doch werden diese bald durch die stalinistische Praxis verdrängt. Nach sowjetischem Vorbild übernimmt Anfang der 1950er Jahre die zum DDR-Innenministerium gehörende Deutsche Volkspolizei den Strafvollzug von der Justiz. Fast das gesamte Personal wird entlassen und durch Volkspolizisten ersetzt.

In den Westzonen bleibt der Strafvollzug bei der Justiz. Zwar werden auch hier Beamte entlassen, doch die Strafverfolgung beschränkt sich auf die angeblich wenigen wirklich Schuldigen. Die Entnazifizierung gerät hier schnell zur Farce und der Großteil der ehemaligen NS-Beamten wird in der Bundesrepublik Deutschland wieder eingestellt.

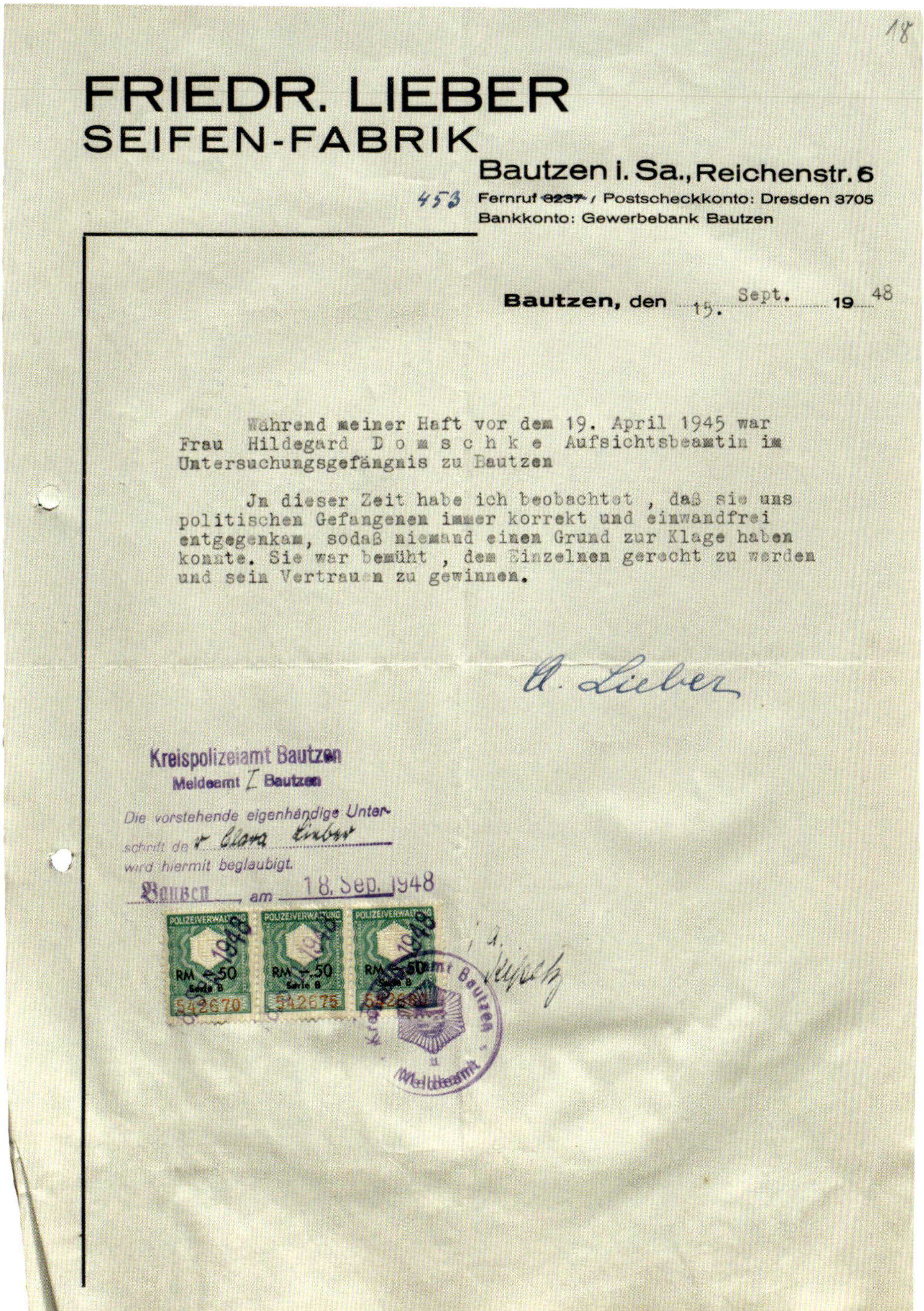

18

FRIEDR. LIEBER
SEIFEN-FABRIK

Bautzen i. Sa., Reichenstr. 6
453 Fernruf ~~3237~~ / Postscheckkonto: Dresden 3705
Bankkonto: Gewerbebank Bautzen

Bautzen, den 15. Sept. 1948

Während meiner Haft vor dem 19. April 1945 war Frau Hildegard D o m s c h k e Aufsichtsbeamtin im Untersuchungsgefängnis zu Bautzen

Jn dieser Zeit habe ich beobachtet , daß sie uns politischen Gefangenen immer korrekt und einwandfrei entgegenkam, sodaß niemand einen Grund zur Klage haben konnte. Sie war bemüht , dem Einzelnen gerecht zu werden und sein Vertrauen zu gewinnen.

A. Lieber

Kreispolizeiamt Bautzen
Meldeamt I Bautzen
Die vorstehende eigenhändige Unterschrift der Clara Lieber
wird hiermit beglaubigt.
Bautzen am 18. Sep. 1948

POLIZEIVERWALTUNG RM -.50 Serie B 542670
POLIZEIVERWALTUNG RM -.50 Serie B 542675

Leumundszeugnis eines ehemaligen NS-Gefangenen für Hildegard Domschke, 1948

Hauptstaatsarchiv Dresden

Untersuchungsgefängnis Paulistraße Bautzen, 1946
Da Bautzen I und Bautzen II von den sowjetischen Besatzern genutzt werden, baut die sächsische Justizverwaltung in der Paulistraße ein ehemaliges Kasernengebäude für die Nutzung als Untersuchungsgefängnis um.

Hauptstaatsarchiv Dresden

HILDEGARD DOMSCHKE, GEB. WOLF (1913 – 1985)

1943 – 1945 WACHTMEISTERIN IN BAUTZEN II
1946 – 1951 WACHTMEISTERIN IN DER UNTERSUCHUNGS-HAFTANSTALT PAULISTRASSE

Hildegard Domschke, Foto aus der Nachkriegs-Personalakte, 1946

Hauptstaatsarchiv Dresden

Seit 1940 ist Hildegard Domschke im NS-Strafvollzug tätig. Sie tritt der NSDAP nicht bei und darf 1946 wieder im Justizdienst tätig werden. Sie wird in der neuen Bautzener Untersuchungshaftanstalt in der Paulistraße eingesetzt.

Hildegard Domschke kommt als Tochter eines Gefängnisbeamten ebenfalls zum Strafvollzug. Sie arbeitet zunächst als Aufseherin im Frauengefängnis Leipzig-Kleinmeusdorf. 1943 lässt sie sich nach Bautzen II versetzen. Hier ist sie für die Küche und das Waschhaus zuständig, zuletzt leitet sie die Frauenabteilung.

Mit Schließung der Haftanstalt zum Ende des Krieges wird Domschke entlassen. Sie bittet die Justizbehörden um Wiedereinstellung und kann ab August 1946 die Küche in der Paulistraße leiten. Auch die Entnazifizierungskommission hat 1947 keine Bedenken gegen ihre Weiterbeschäftigung. Im November 1948 erhält sie auf Weisung der Sowjetischen Militäradministration indes erneut eine Kündigung. Da Domschke aber positive Leumundszeugnisse von ehemaligen politischen Gefangenen beibringen kann, wird ihre Entlassung zurückgenommen. Nach der Übernahme des Gefängnisdienstes durch die Volkspolizei wird sie im März 1951 dann aber doch aus dem Dienst entlassen.

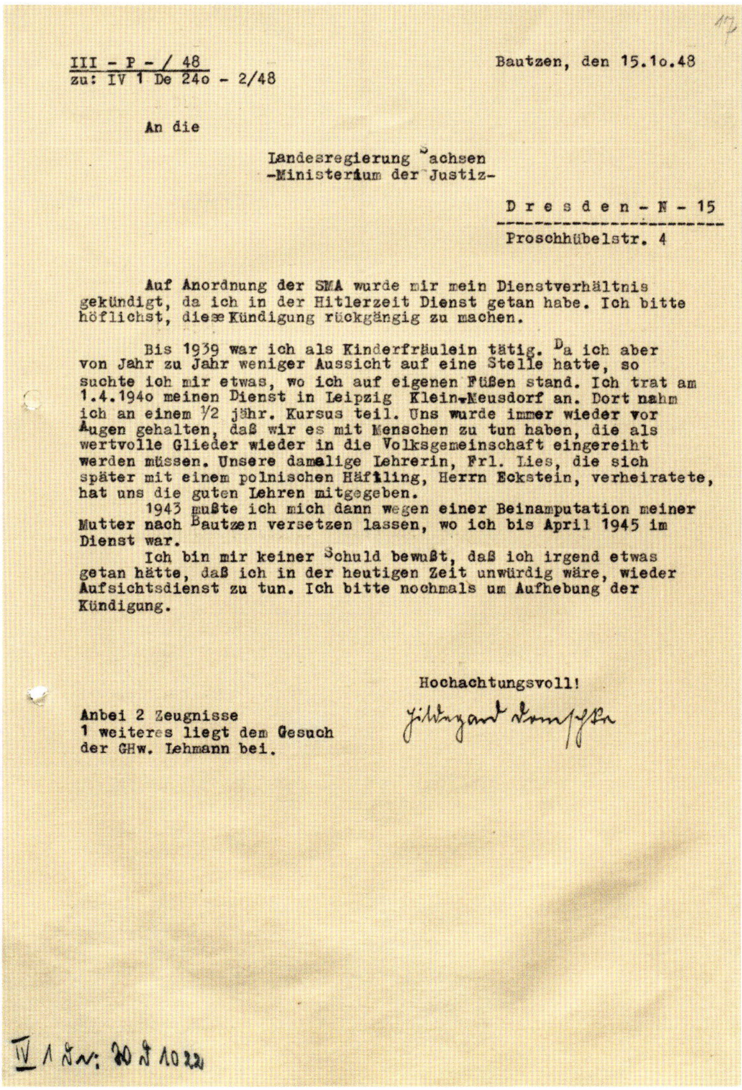

III - P - / 48
zu: IV 1 De 24o - 2/48

Bautzen, den 15.1o.48

An die

Landesregierung Sachsen
-Ministerium der Justiz-

D r e s d e n - N - 15

Proschhübelstr. 4

Auf Anordnung der SMA wurde mir mein Dienstverhältnis gekündigt, da ich in der Hitlerzeit Dienst getan habe. Ich bitte höflichst, diese Kündigung rückgängig zu machen.

Bis 1939 war ich als Kinderfräulein tätig. Da ich aber von Jahr zu Jahr weniger Aussicht auf eine Stelle hatte, so suchte ich mir etwas, wo ich auf eigenen Füßen stand. Ich trat am 1.4.194o meinen Dienst in Leipzig Klein-Neusdorf an. Dort nahm ich an einem 1/2 jähr. Kursus teil. Uns wurde immer wieder vor Augen gehalten, daß wir es mit Menschen zu tun haben, die als wertvolle Glieder wieder in die Volksgemeinschaft eingereiht werden müssen. Unsere damalige Lehrerin, Frl. Lies, die sich später mit einem polnischen Häftling, Herrn Eckstein, verheiratete, hat uns die guten Lehren mitgegeben.

1943 mußte ich mich dann wegen einer Beinamputation meiner Mutter nach Bautzen versetzen lassen, wo ich bis April 1945 im Dienst war.

Ich bin mir keiner Schuld bewußt, daß ich irgend etwas getan hätte, daß ich in der heutigen Zeit unwürdig wäre, wieder Aufsichtsdienst zu tun. Ich bitte nochmals um Aufhebung der Kündigung.

Hochachtungsvoll!

Hildegard Domschke

Anbei 2 Zeugnisse
1 weiteres liegt dem Gesuch
der GHw. Lehmann bei.

Bittgesuch Hildegard Domschkes, Oktober 1948
Domschke bescheinigt sich selbst ein einwandfreies Verhalten während der NS-Zeit und ist sich keinerlei Schuld bewusst.

Hauptstaatsarchiv Dresden

HERMANN SCHNEIDER (1891–1972)

1921–1945 GEFÄNGNISBEAMTER
IN BAUTZEN I UND BAUTZEN II

Hermann Schneider, Zuchthaus Waldheim, Anfang der 1950er Jahre

Bundesarchiv Berlin-Lichterfelde

Der sowjetische Geheimdienst verhaftet Hermann Schneider im September 1945. Er legt ihm pauschal Verbrechen gegen die Menschlichkeit zur Last und interniert ihn in verschiedenen Speziallagern. 1950 wird er in Waldheim zu zwölf Jahren Zuchthaus verurteilt.

Der gebürtige Bautzener ist nach langjährigem Militärdienst seit 1921 als einfacher Aufseher in Bautzen II tätig. Schneider wird ein großer Anhänger der NS-Ideologie. Er tritt der SA, der NSDAP und dem NS-Beamtenbund bei und überwacht als Blockwart rund 50 Bautzener Haushalte. Bereitwillig denunziert er Andersdenkende; einen Nachbarn bringt er so ins KZ Kupferhammer. Das NS-Regime ermöglicht ihm ein berufliches Fortkommen: Er steigt 1938 in den mittleren Dienst auf und arbeitet fortan in der Verwaltung in Bautzen I.

Schneider ist im Speziallager Sachsenhausen interniert, als der Bautzener Landrat 1948 sein Wohnhaus enteignet. Es ist eine zusätzliche Sühnemaßnahme. 1954 kann er das Zuchthaus Waldheim vorzeitig verlassen. Er flieht sofort in die Bundesrepublik, wo er Wiedergutmachungsleistungen beantragt. Seine Haftzeit wird nach dem Häftlingshilfegesetz finanziell entschädigt, die Enteignung von Haus und Hausrat nach dem Lastenausgleichsgesetz. 81-jährig verstirbt Schneider im baden-württembergischen Oedheim.

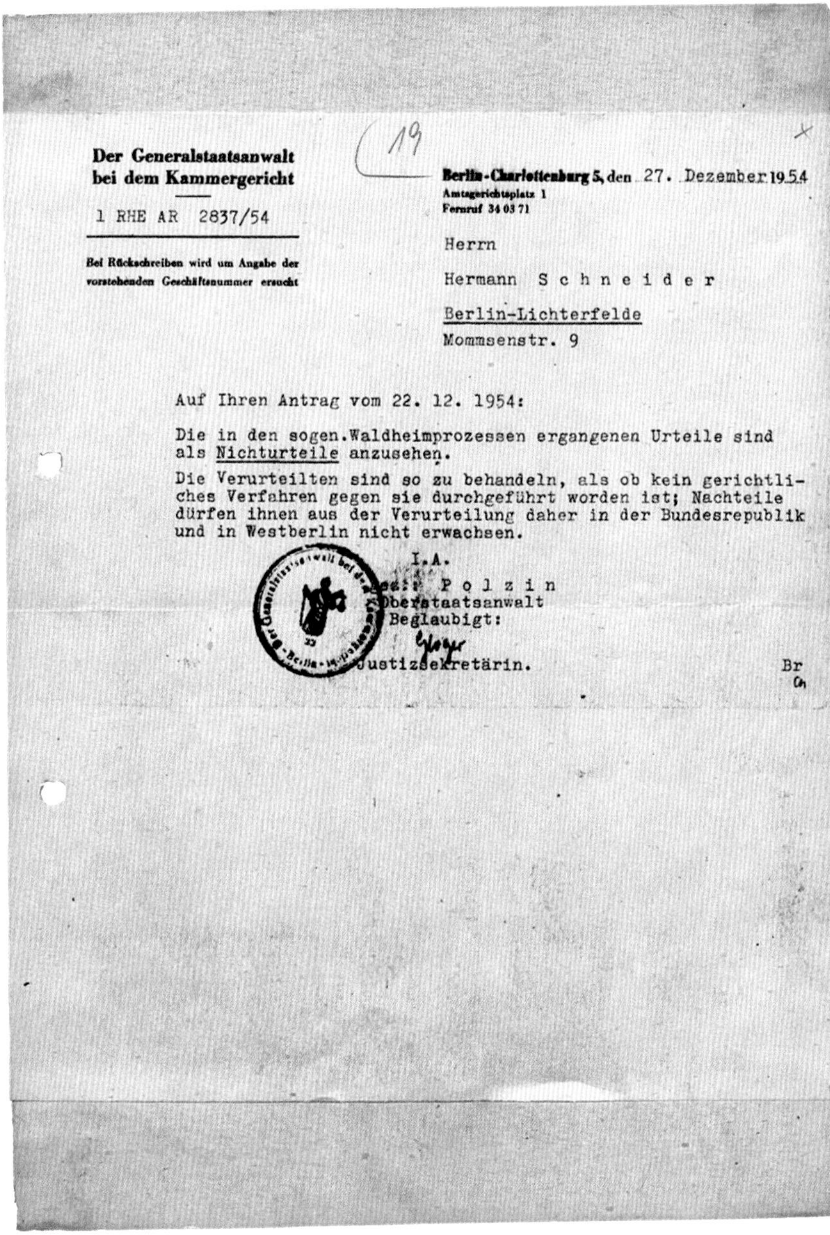

(19)

Der Generalstaatsanwalt bei dem Kammergericht

1 RHE AR 2837/54

Bei Rückschreiben wird um Angabe der vorstehenden Geschäftsnummer ersucht

Berlin-Charlottenburg 5, den 27. Dezember 1954
Amtsgerichtsplatz 1
Fernruf 34 03 71

Herrn

Hermann S c h n e i d e r

Berlin-Lichterfelde

Mommsenstr. 9

Auf Ihren Antrag vom 22. 12. 1954:

Die in den sogen. Waldheimprozessen ergangenen Urteile sind als Nichturteile anzusehen.

Die Verurteilten sind so zu behandeln, als ob kein gerichtliches Verfahren gegen sie durchgeführt worden ist; Nachteile dürfen ihnen aus der Verurteilung daher in der Bundesrepublik und in Westberlin nicht erwachsen.

I.A.
gez.: P o l z i n
Oberstaatsanwalt
Beglaubigt:
Justizsekretärin.

Br

Schreiben der Generalstaatsanwaltschaft beim Kammergericht Berlin-Charlottenburg, Dezember 1954
Die Waldheimer Prozesse entsprechen keiner rechtsstaatlichen Grundlage und finden ohne Prüfung individueller Schuld statt. Direkt nach seiner Flucht in den Westen beantragt Schneider in Berlin die Aufhebung seines Waldheim-Urteils. Das Kammergericht erklärt 1954 die Waldheimer Prozesse, die mehr als 3400 wegen NS-Verbrechen beschuldigte Personen betreffen, ausnahmslos für nichtig.

Bundesarchiv/Lastenausgleichsarchiv Bayreuth

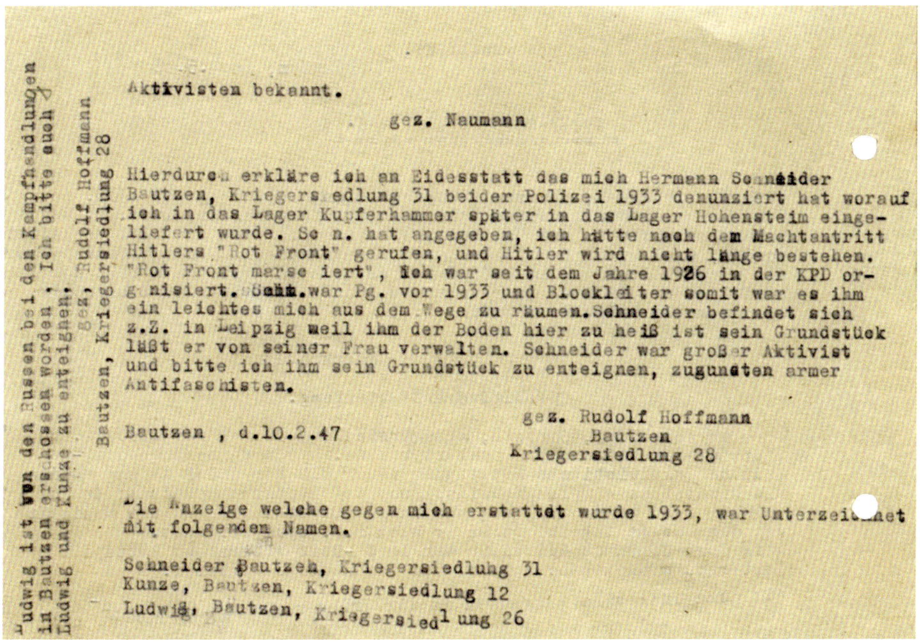
Aktivisten bekannt.

gez. Naumann

Hierdurch erkläre ich an Eidesstatt das mich Hermann Schneider Bautzen, Kriegersiedlung 31 beider Polizei 1933 denunziert hat worauf ich in das Lager Kupferhammer später in das Lager Hohenstein eingeliefert wurde. Sch n. hat angegeben, ich hätte nach dem Machtantritt Hitlers "Rot Front" gerufen, und Hitler wird nicht länge bestehen. "Rot Front marse iert", Ich war seit dem Jahre 1926 in der KPD organisiert. Schn.war Pg. vor 1933 und Blockleiter somit war es ihm ein leichtes mich aus dem Wege zu räumen.Schneider befindet sich z.Z. in Leipzig weil ihm der Boden hier zu heiß ist sein Grundstück läßt er von seiner Frau verwalten. Schneider war großer Aktivist und bitte ich ihm sein Grundstück zu enteignen, zugunsten armer Antifaschisten.

gez. Rudolf Hoffmann
Bautzen
Kriegersiedlung 28

Bautzen , d.10.2.47

Die Anzeige welche gegen mich erstattet wurde 1933, war Unterzeichnet mit folgenden Namen.

Schneider Bautzen, Kriegersiedlung 31
Kunze, Bautzen, Kriegersiedlung 12
Ludwig, Bautzen, Kriegersiedlung 26

Ludwig ist von den Russen bei den Kampfhandlungen in Bautzen erschossen worden. Ich bitte auch Ludwig und Kunze zu enteignen.
gez. Rudolf Hoffmann
Bautzen, Kriegersiedlung 28

Eidesstattliche Erklärung von Rudolf Hoffmann, Bautzen 1947
Im Rahmen des Enteignungsverfahrens gegen Hermann Schneider erklärt Hoffmann, ein ehemaliger Nachbar Schneiders, dass dieser ihn 1933 bei der Bautzener Polizei denunziert habe.

Hauptstaatsarchiv Dresden

Entschädigung

Nach 1945 bemühen sich beide deutsche Staaten in unterschiedlicher Art und Weise um Wiedergutmachung des NS-Unrechts. Allerdings geschieht dies nur bei ausgesuchten Verfolgtengruppen. Homosexuelle, Zwangssterilisierte, Sinti, Roma oder als asozial Verfolgte bleiben wie auch Zwangsarbeiter lange unberücksichtigt. Die Bundesrepublik beginnt 1953 mit dem Bundesentschädigungsgesetz die Wiedergutmachung allgemein zu regeln. Ein an Leben, Freiheit, Gesundheit, Vermögen und beruflichem Fortkommen erlittener Schaden wird finanziell entschädigt.

In der DDR gibt es keinen Rechtsanspruch auf individuelle Entschädigung. Das Land sieht sich als antifaschistischer und sozialistischer Staat nicht in der Verantwortung für das NS-Regime. NS-Verfolgte erhalten Unterstützungen, eine früher ausgezahlte Altersrente und ab 1965 eine deutlich höhere Ehrenpension. Ansprüche werden nur jenen gewährt, die als politisch zuverlässig gelten. Die »Kämpfer gegen den Faschismus« sind dabei besser gestellt als die »Verfolgten des Faschismus«.

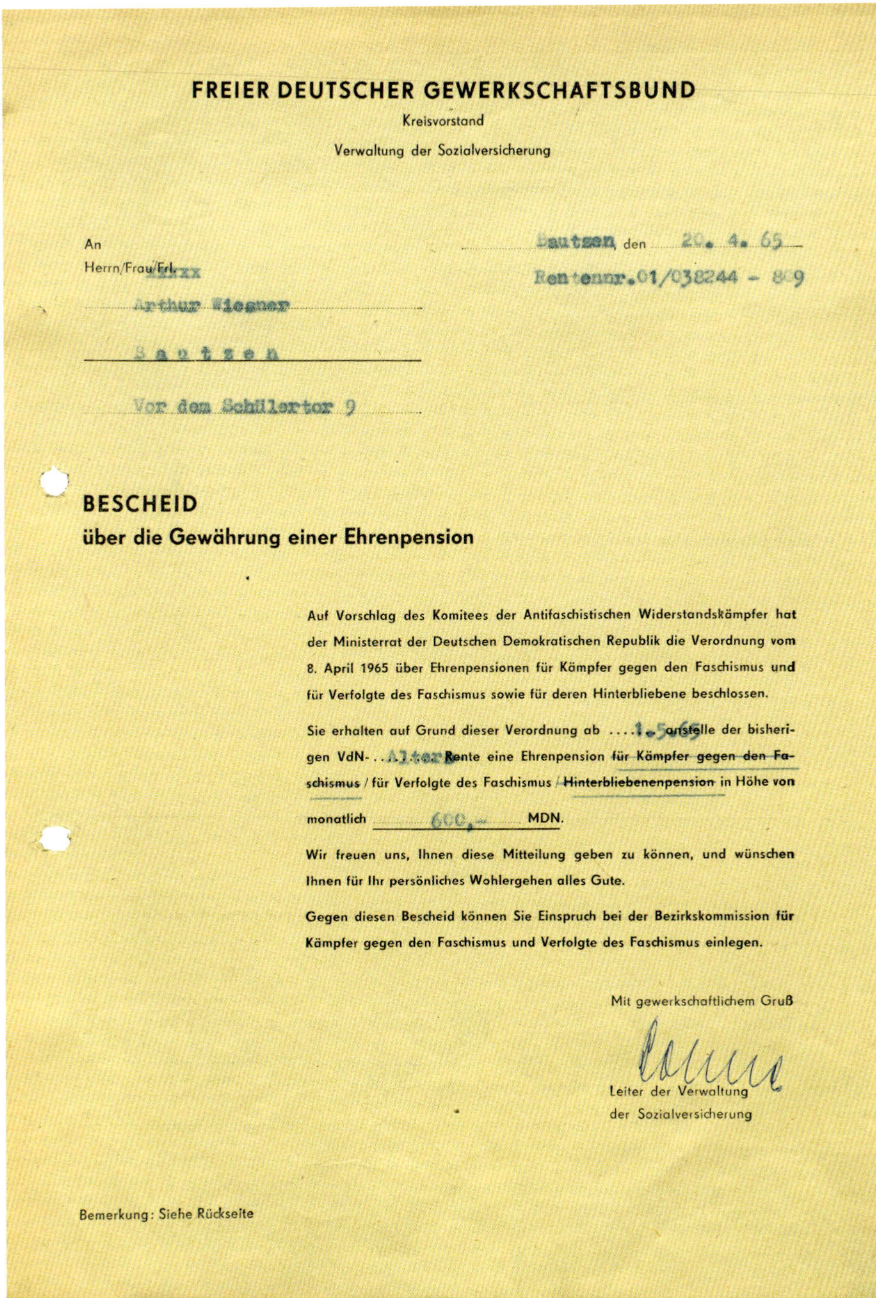

FREIER DEUTSCHER GEWERKSCHAFTSBUND

Kreisvorstand

Verwaltung der Sozialversicherung

An
Herrn/Frau/~~Frl.~~ xxxx

Arthur Wiesner

Bautzen

Vor dem Schülertor 9

Bautzen, den 20. 4. 65

Rentennr. 01/038244 - 809

BESCHEID

über die Gewährung einer Ehrenpension

Auf Vorschlag des Komitees der Antifaschistischen Widerstandskämpfer hat der Ministerrat der Deutschen Demokratischen Republik die Verordnung vom 8. April 1965 über Ehrenpensionen für Kämpfer gegen den Faschismus und für Verfolgte des Faschismus sowie für deren Hinterbliebene beschlossen.

Sie erhalten auf Grund dieser Verordnung ab ....1.5.65 anstelle der bisherigen VdN-..Alters Rente eine Ehrenpension ~~für Kämpfer gegen den Faschismus~~ / für Verfolgte des Faschismus / ~~Hinterbliebenenpension~~ in Höhe von

monatlich 600,- MDN.

Wir freuen uns, Ihnen diese Mitteilung geben zu können, und wünschen Ihnen für Ihr persönliches Wohlergehen alles Gute.

Gegen diesen Bescheid können Sie Einspruch bei der Bezirkskommission für Kämpfer gegen den Faschismus und Verfolgte des Faschismus einlegen.

Mit gewerkschaftlichem Gruß

Leiter der Verwaltung
der Sozialversicherung

Bemerkung: Siehe Rückseite

Zuwendungsbescheid, April 1965
1965 beträgt Wiesners Ehrenpension 600 Mark. Er erhält diese zusätzlich zur allgemeinen Altersrente, die Mitte der 1960er Jahre durchschnittlich 171 Mark beträgt. Nach Wiesners Tod 1977 wird seiner Witwe eine Hinterbliebenenpension in Höhe von 1000 Mark gewährt.

Hauptstaatsarchiv Dresden

ARTHUR WIESNER (1889 – 1977)

1941 UNTERSUCHUNGSGEFANGENER IN BAUTZEN II

Arthur Wiesner, 1951
Foto aus der VdN-Akte

Hauptstaatsarchiv Dresden

Arthur Wiesner wird 1946 als »Verfolgter des Faschismus« (VdF) anerkannt. In den Nachkriegsjahren erhält er bevorzugt Zuwendungen, später in der DDR eine Verfolgtenrente und ab 1965 eine Ehrenpension.

Arthur Wiesner, bei den Bautzener Stadtwerken beschäftigt, hört ab Kriegsbeginn den Auslandssender der BBC. Regelmäßig sitzt er abends zu Hause vor dem Radio und hört heimlich den Londoner Sender. Selbst seine Frau warnt ihn davor, verbotene Feindsender zu hören. Im September 1941 wird Wiesner verhaftet, weil er Radionachrichten verbreitet haben soll. Ein Sondergericht in Bautzen verurteilt ihn zu drei Jahren Zuchthaus. Seine Haftzeit verbringt er in Waldheim, wo er an Tuberkulose erkrankt. Nach dem Krieg bescheinigt der Rat des Kreises Bautzen seinen Antrag als Verfolgter des Naziregimes (VdN) positiv. Vor Bewilligung seiner VdN-Rente wird das SED-Mitglied Wiesner 1950 erneut auf seine politische Zuverlässigkeit hin geprüft. Bürgschaften bestätigen seine antifaschistische Einstellung.

Naturalien

Datum	welcher Art
Dez. 47	½ l Oel, 200 gr. Gebäck, ½ ℔ Fleisch, 1 kg. Molkeneiweiß
	1 Dose Malz, 200 gr. Rosinen, 1 Ztr. Brikett
Jan. 48	1 kg. Zucker, 400 gr. Zucker, 50 gr. Tabak,
	1 Ztr. Brikett

Sachzuwendungen

Datum	welcher Art
Dez. 46	1 Pullover, 1 Unterhose, 1 P. Socken, 1 P. Handschuhe
Dez. 47	1 P. Lederschuhe,
Febr. 49	1 P. Schuhe
April 49	1 Berechtigungsschein über 30,- DM für beschlagnahmte Waren.
Juni 49	1 P. Damenstrümpfe
Sept. 49	Stoffe im Werte v. 30,- DM, 1 Herrenpullover
Okt. 49	1 Berechtigungssch. f. Textilien

Erholung

Datum	
Sept. 46	Ehefrau in Weiß
Okt. 46	Lungenheilstätte Coswig / Dresden

B - 214/500 9593 2/132

Vermerk über Zuwendungen aus der VdN-Akte Arthur Wiesners, 1949
Als anerkannter »Verfolgter des Faschismus« erhält Wiesner seit 1946 bevorzugt Lebensmittel, Brennstoffe, Kleidung und Zugang zu Kuren und Heilbehandlungen.

Hauptstaatsarchiv Dresden

WILHELM BRUSE (1881–1958)

1943–1945 STRAFGEFANGENER IN BAUTZEN I

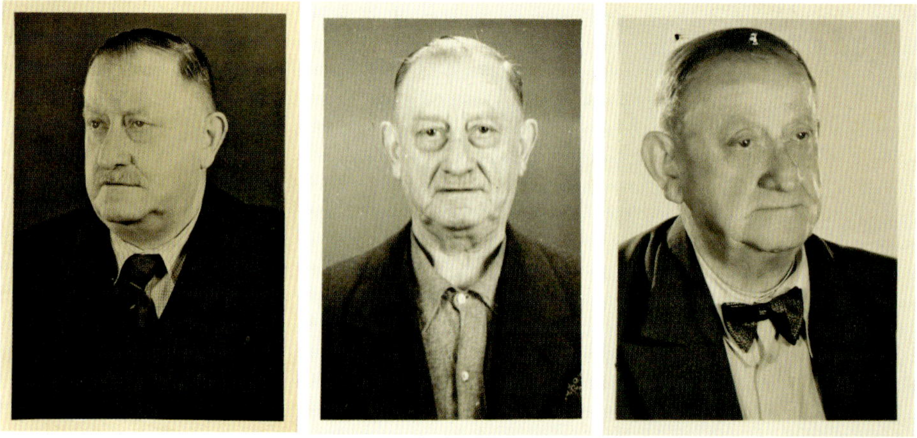

Wilhelm Bruse vor seiner Haft im Jahr 1943, kurz nach der Haft im Jahr 1945 und Anfang der 1950er Jahre

Entschädigungsbehörde des Landes Berlin

1946 wird Wilhelm Bruse vom Gesamtberliner Magistrat als »Opfer des Faschismus« (OdF) anerkannt und erhält eine Verfolgtenrente. Infolge der Teilung Berlins muss er sich diese Einstufung 1949 von der Westberliner Senatsverwaltung bestätigen lassen, was jedoch misslingt.

Als altes SPD-Mitglied gerät Wilhelm Bruse 1943 bei einem Kuraufenthalt in Bad Lausick in einen politischen Streit: Infolge NS-kritischer Äußerungen wird er denunziert und erhält wegen Heimtücke zwei Jahre Gefängnis, die er größtenteils in Bautzen I absitzen muss.

Die Westberliner Verwaltung verweigert ihm die Weiterzahlung seiner Opferrente mit dem Argument, Bruse sei ein Gelegenheitstäter gewesen, hätte keiner Widerstandsgruppe angehört und auch nicht den Nationalsozialismus bekämpft. Bruse klagt durch alle Instanzen und erhält in der Rentenfrage 1952 beim Berliner Oberverwaltungsgericht Recht. Nun kommt Bewegung in sein seit 1951 offenes Entschädigungsverfahren: Die jeweils einmaligen Leistungen für Schäden an der Freiheit, am Vermögen, an der Gesundheit und am beruflichen Fortkommen werden ab 1952 schrittweise gewährt. Als 1964 die letzten Zahlungen an seine Erben endlich bewilligt sind, ist Wilhelm Bruse schon seit sechs Jahren tot.

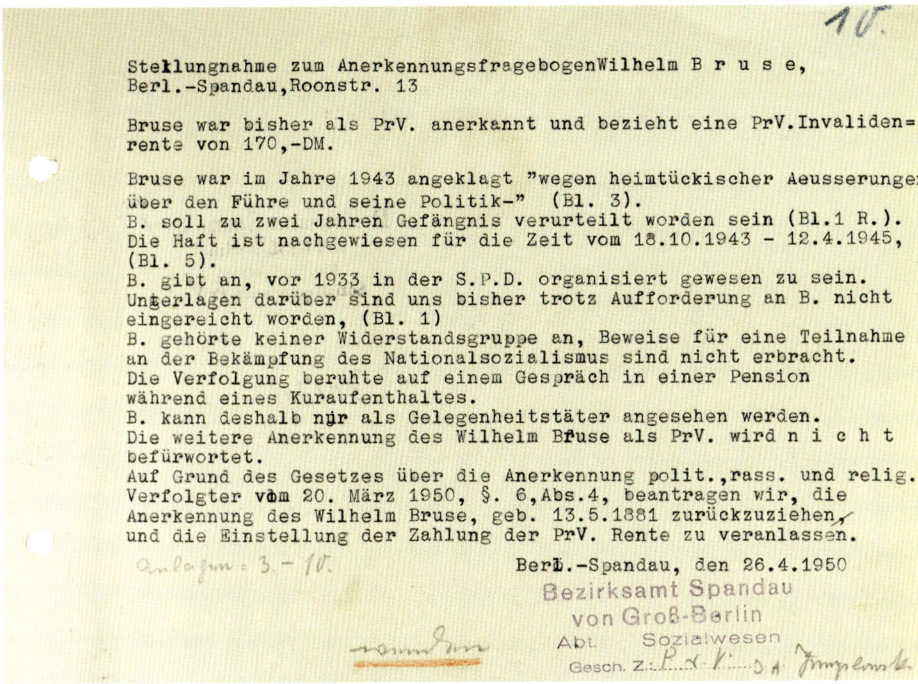

1V.

Stellungnahme zum AnerkennungsfragebogenWilhelm B r u s e,
Berl.-Spandau,Roonstr. 13

Bruse war bisher als PrV. anerkannt und bezieht eine PrV.Invaliden=
rente von 170,-DM.

Bruse war im Jahre 1943 angeklagt "wegen heimtückischer Aeusserungen
über den Führe und seine Politik-" (Bl. 3).
B. soll zu zwei Jahren Gefängnis verurteilt worden sein (Bl.1 R.).
Die Haft ist nachgewiesen für die Zeit vom 18.10.1943 - 12.4.1945,
(Bl. 5).
B. gibt an, vor 1933 in der S.P.D. organisiert gewesen zu sein.
Unterlagen darüber sind uns bisher trotz Aufforderung an B. nicht
eingereicht worden, (Bl. 1)
B. gehörte keiner Widerstandsgruppe an, Beweise für eine Teilnahme
an der Bekämpfung des Nationalsozialismus sind nicht erbracht.
Die Verfolgung beruhte auf einem Gespräch in einer Pension
während eines Kuraufenthaltes.
B. kann deshalb nur als Gelegenheitstäter angesehen werden.
Die weitere Anerkennung des Wilhelm Bruse als PrV. wird n i c h t
befürwortet.
Auf Grund des Gesetzes über die Anerkennung polit.,rass. und relig.
Verfolgter vom 20. März 1950, §. 6,Abs.4, beantragen wir, die
Anerkennung des Wilhelm Bruse, geb. 13.5.1881 zurückzuziehen,
und die Einstellung der Zahlung der PrV. Rente zu veranlassen.

Anlagen: 3.-10.

Berl.-Spandau, den 26.4.1950

Bezirksamt Spandau
von Groß-Berlin
Abt. Sozialwesen
Gesch. Z.: P. X. V. 3 A

Ablehnungsempfehlung des Bezirksamtes Berlin-Spandau, April 1950
1950 schlägt die Spandauer Bezirksverwaltung vor, Bruses Rente für politisch, rassisch und religiös Verfolgte abzuerkennen. Die Westberliner Senatsverwaltung schließt sich dem Begehr an, die noch aus seiner OdF-Anerkennung vom Gesamtberliner Magistrat herrührende Rente zu annullieren.

Entschädigungsbehörde des Landes Berlin

KONSUM

Einweihung des Thälmann-Denkmals in Bautzen, 1960
Zur Ehrung Ernst Thälmanns wird in Bautzen am 11. September 1960 eine drei Meter hohe Bronzestatue eingeweiht. Thälmann-Pioniere sollen ihrem Namensgeber Ehre erweisen. Bezahlt wird das Kunstwerk aus Spendengeldern, die von Bautzener Bürgern Anfang der 1950er Jahre ursprünglich für die Errichtung eines Stalin-Denkmals gesammelt worden waren. Das Denkmal schuf der Künstler Wieland Förster, ein ehemaliger Häftling des Speziallagers Bautzen.

Foto: Rolf Dvoracek

Erinnerungskult in der DDR

Die SED-Parteiführung instrumentalisiert die Erinnerung an den kommunistischen Widerstand, um ihren Machtanspruch und ihre Politik zu legitimieren. Das Geschichtsbild in der SED-Diktatur betont einseitig die kommunistischen Opfer. Juden, Sinti und Roma, Homosexuelle und andere NS-Verfolgte sind verdrängte Opfergruppen. Bis zum Ende der DDR ist der verordnete Antifaschismus fest im Alltag der Ostdeutschen verankert: Straßennamen, Schulen, Volkseigene Betriebe und Arbeitsbrigaden tragen die Namen verfolgter Kommunisten. Fast unzählige Gedenktafeln und Denkmale erinnern an die verfolgten Antifaschisten. Die in den Bautzener Gefängnissen inhaftierten Kommunisten Ernst Thälmann und Julius Fučik werden zu Helden stilisiert. An ihren Haftstätten richtet die Volkspolizei Gedenkorte ein.

Thälmannzelle in Bautzen I, 1986 ►
Die Volkspolizei inszeniert ab 1952 in Ernst Thälmanns ehemaliger Doppelzelle einen Gedenkort, den bis zum Ende der DDR nahezu wöchentlich ausländische Delegationen und SED-Politkader besuchen. In der JVA Bautzen ist dieser historische Ort bis heute zu sehen.

Rolf Dvoracek

Gedenkbereich für Julius Fučik, 1979 ►
1979 weiht die Volkspolizei einen Gedenkort im Eingangsbereich der Stasi-Sonderhaftanstalt Bautzen II ein. Die Bediensteten des Strafvollzuges und die Mitarbeiter des Ministeriums für Staatssicherheit sollen hier auf den antifaschistischen Kampf eingeschworen werden.

Sammlung Gedenkstätte Bautzen

MEIN VOLK
DEM ICH ANGEHORE
UND DAS ICH LIEBE IST
DAS DEUTSCHE VOLK
UND MEINE NATION,
DIE ICH MIT
GROSSEM STOLZ
VEREHRE,
IST DIE
DEUTSCHE NATION,
EINE RITTERLICHE
STOLZE UND HARTE
NATION!
ERNST THÄLMANN
BAUTZEN, JANUAR 1944

Einweihung Gedenktafel, 1979
Am Gebäude der ehemaligen SED-Kreisleitung in der Ernst-Thälmann-Straße (heute Bahnhofstraße) wird im Oktober 1979 eine Tafel mit einem Relief Ernst Thälmanns eingeweiht.

Rolf Dvoracek

Thälmann-Gedenkhalle, 1975
Das Stadtmuseum Bautzen eröffnet im April 1975 einen 40 Quadratmeter großen Gedenkraum, der die Haftzeit Ernst Thälmanns in Bautzen dokumentiert.

Rolf Dvoracek

Kinderbuch, 1982
In Kinderbüchern wird Ernst Thälmann als Held stilisiert
und zum Vorbild erhoben. Die Pioniere sollen sich in der Tradition
Thälmanns sehen und den antifaschistischen Kampf weiterführen.

Sammlung Gedenkstätte Bautzen

ERNST THÄLMANN (1886 – 1944)

1943 – 1944 SCHUTZHÄFTLING IN BAUTZEN I

Ernst Thälmann, 1932

Foto von Georg Pahl, Bundesarchiv Koblenz

Elf Jahre ist Ernst Thälmann in strenger Einzelhaft von der Außenwelt isoliert. Im August 1944 wird er von Bautzen I in das KZ Buchenwald gebracht und dort von der SS ermordet. In der DDR verehrt ihn das SED-Regime als Helden.

Ernst Thälmann ist seit 1925 Vorsitzender der KPD. Thälmann ist kein Demokrat: Er schließt Andersdenkende aus der KPD aus und bringt die Partei auf stalinistischen Kurs. Die Nazis verhaften ihn im März 1933 und klagen ihn des Hochverrats an. Auf Weisung Hitlers wird der Prozess eingestellt. Trotzdem bleibt Thälmann als Schutzhäftling in Berlin und Hannover eingesperrt. Seit 1943 ist Thälmann in Bautzen I inhaftiert. Hier haben nur ausgesuchtes Bewachungspersonal und der Gefängnisdirektor Zutritt zu ihm.

Thälmann nimmt in der staatlichen Erinnerungskultur der DDR eine zentrale Rolle ein. Er gilt als das Symbol des Antifaschismus und steht für die Unfehlbarkeit des Kommunismus. Unzählige Straßen, Schulen, Plätze, Volkseigene Betriebe und die SED-Pionierorganisation tragen seinen Namen.

NEUES DEUTSCHLAND

ORGAN DES ZENTRALKOMITEES DER SOZIALISTISCHEN EINHEITSPARTEI DEUTSCHLANDS

5. Jahrgang / Nr. 247 — Berlin, Sonnabend, 21. Oktober 1950 — Ausgabe A / Einzelpreis 15 Pf.

„Mein Leben und Wirken kannte und kennt nur eines: Für das schaffende deutsche Volk meinen Geist und mein Wissen, meine Erfahrung und meine Tatkraft einzusetzen!“ Dies schrieb Ernst Thälmann, der Führer der deutschen Arbeiterklasse, in einer „Antwort auf Briefe eines Kerkergenossen in Bautzen, Januar 1944“. Es handelt sich hier um einen seiner letzten Briefe aus dem Gefängnis, dessen ersten Teil wir heute im Innern unseres Blattes (Seite 3 und 4) veröffentlichen

Sowjetische Friedenskämpfer grüßen Stalin

Titelseite »Neues Deutschland«, 21. Oktober 1950
Ernst Thälmann schreibt während seiner Haftzeit in Bautzen Briefe an einen Mithäftling. Die Briefe werden in der SED-Parteizeitung »Neues Deutschland« veröffentlicht. Die staatlich verordnete Erinnerung soll Thälmanns Bautzener Haftzeit fest verankern und den Kommunisten als tadellosen Helden stilisieren. Passagen, die dem Mythos nicht entsprechen, werden gestrichen.

Sammlung Gedenkstätte Bautzen

Anhang

Medienstation

Zeichnungen

Die Zeichnungen von Jan Švehla und die Tagebuchaufzeichnungen von Jarolslav Šedivý – beide 1941 in Bautzen I inhaftiert gehören zu den wenigen Selbstzeugnissen, die aus dem Bautzener Strafvollzug während des Nationalsozialismus überliefert sind. Sie zeigen die Einrichtung der Zellen und die Gebäude von Bautzen I.

Privat und Gedenkstätte Theresienstadt

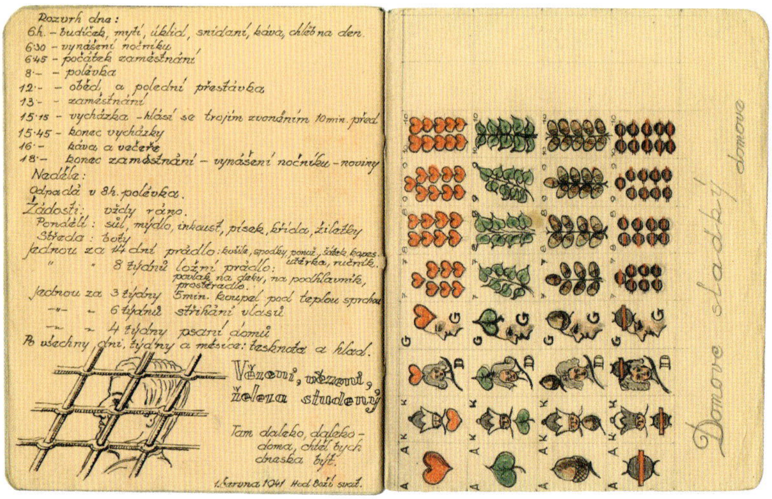

Rozvrh dne:
6h. – budíček, mytí, úklid, snídaní, káva, chléb na den.
6.30 – vynášení nočníku
6.45 – počátek zaměstnání
8.– – polévka
12.– – oběd a polední přestávka
13.– – zaměstnání
15.15 – vycházka – hlásí se trojím zvonáním 10 min. před
15.45 – konec vycházky
16.– káva a večeře
18.– konec zaměstnání – vynášení nočníku – noviny
Neděle:
Odpadá v 8h. polévka.
Žádosti: vždy ráno.
Pondělí: sůl, mýdlo, inkoust, písek, křída, žiletky
Středa: boty
Jednou za 14 dní prádlo: košile, spodky, ponož., šátek kapes. utěrka, ručník.
" " 8 týdnů ložní prádlo: povlak na deku, na podhlavník, prostěradlo.
Jednou za 3 týdny 5 min. koupel pod teplou sprchou
–"– – 6 týdnů stříhání vlasů
–"– – 4 týdny psaní domů
Po všechny dni, týdny a měsíce: tesknota a hlad.
Vězeni, vězeni, železa studený
Tam daleko, daleko – doma, chtěl bych dnaska být.
1. května 1941 Hod Boží svat.

Auszug aus dem Tagebuch von Jaroslav Šedivý, 1941

Privat

Linke Seite:

Tagesplan:
6 h – Wecken, Waschen, Aufräumen, Frühstück, Kaffee, Brot für den Tag.
6.30 – Hinaustragen des Nachtgeschirrs
6.45 – Arbeitsbeginn
8.00 – Suppe
12.00 – Mittag und Mittagspause
13.00 – Arbeit
15.15 – Hofgang – wird 10 min. vorher durch ein dreimaliges Klingeln angekündigt
15.45 – Ende des Hofgangs
16.00 – Kaffee und Abendbrot
18.00 – Arbeitsende – Hinaustragen des Nachtgeschirrs – Zeitung
Sonntag: Die Suppe um 8.00 Uhr entfällt.
Anliegen: immer morgens
Montags: Salz, Seife, Tinte, Sand, Kreide, Rasierklingen
Mittwochs: Schuhe
Einmal in 14 Tagen Wäsche: Hemden, Unterhosen, Socken, Schal, Taschentücher, Wischtuch, Handtuch.
Einmal in 8 Wochen Bettwäsche: Bettbezug, Kopfkissenbezug, Laken.
Einmal in 3 Wochen 5 min. warme Dusche.
Einmal in 6 Wochen Haare schneiden.
Einmal in 4 Wochen Brief nach Hause.
Jeden Tag, jede Woche, jeden Monat Sehnsucht und Hunger.
Häftlinge, Häftlinge, das Eisen ist kalt.
Dort weit, weit entfernt – zu Hause würde ich heute gern sein.
Mai 1941 Geheiligt sei Gott!

Rechte Seite:

Zuhause süßes Zuhause

Filmausschnitte
NS-Lehrfilm »Arbeit und Strafvollzug im Zuchthaus Brandenburg-Görden«, 1942
Es gibt nur wenige Bilder, die den NS-Strafvollzug zeigen – aus den Bautzener Gefängnissen sind es nur einige Fotos. Die einzigen Filmaufnahmen werden im Zuchthaus Brandenburg-Görden gedreht. Die 45-minütige Inszenierung dient Schulungszwecken des Justizpersonals und vermittelt die Ziele des NS-Strafvollzugs: Zucht, Härte und Unterordnung. Darüber hinaus soll der vom Reichsjustizministerium beauftragte Film Adolf Hitler von der Produktivität der Gefängnisse überzeugen. Als Fachmann berät der Bautzener Gefängnisdirektor Plischke das Filmprojekt.

Bundesarchiv Berlin-Lichterfelde

Videoausschnitte
»Monumente sollen stehen oder nichts«, 1991/92
Neuinterpretation durch eine filmisch dokumentierte Performance der jungen Bautzener Künstler Bernhard Schipper und Jan Wenzel, 16. April 1991

Video Bernhard Schipper, Quelle YouTube

Das Ernst-Thälmann-Denkmal in Bautzen
Das Gedenken an Ernst Thälmann ist in Bautzen zwischen 1945 und 1990 ein besonderes Anliegen. Eine Straße und eine Schule sind nach ihm benannt. Mehrere Büsten, Reliefs, Erinnerungstafeln, ein großer Ausstellungsbereich nebst Nachbau seiner Haftzelle aus Bautzen I im Stadtmuseum und nicht zuletzt auch eine riesige Bronzestatue sollen die Erinnerung an den »großen Arbeiterführer« und seine Haftzeit in Bautzen wachhalten.

In den Bautzener Schilleranlagen wird 1960 feierlich ein Ernst-Thälmann-Denkmal des Dresdner Bildhauers Wieland Förster eingeweiht. Fast drei Meter hoch ist die Bronzestatue, die auf einem Sockel aus Lausitzer Granit steht. Mit dem Neubau des Deutsch-Sorbischen Volkstheaters wird das Denkmal 1975 auf dem paradetauglicheren Vorplatz des Theaters umgesetzt. Über 30 Jahre steht das Denkmal im öffentlichen Raum und ist ein Ort unzähliger kleiner und großer Gedenkveranstaltungen, Paraden und Aufmärsche.

Nach der Friedlichen Revolution und dem Ende der DDR 1989/90 entsorgt die Stadt Bautzen – ohne jede öffentliche Diskussion – ihre Erinnerungszeichen an Ernst Thälmann: Die Ernst-Thälmann-Straße wird zur Bahnhofstraße, die Polytechnische Ernst-Thälmann-Oberschule zum Melanchthon-Gymnasium, der Gedenkbereich im Stadtmuseum verschwindet. Ganz im Stillen beschließt ein kleiner Kreis der Verwaltungsspitze Bautzens im Februar 1991 auch die Ernst-Thälmann-Statue aus dem Stadtbild zu entfernen. Schäden, die durch Vandalismus entstehen könnten und die Notwendigkeit, ungestört über die Zukunft des Denkmals nachdenken zu können, werden im Nachhinein als Gründe für die Entscheidung angeführt.

Memoriale, die dem Land Sachsen gehören, wie die Thälmann-Erinnerungszelle in der nunmehrigen Justizvollzugsanstalt Bautzen sowie die Gedenkstätte im Vorgelände derselben als auch die Erinnerungstafel am Polizeigebäude in der Bahnhofsstraße, bleiben bis heute erhalten.

Abkürzungsverzeichnis

KZ	Konzentrationslager
Gestapo	Geheime Staatspolizei
JVA	Justizvollzugsanstalt
KPD	Kommunistische Partei Deutschlands
NSDAP	Nationalsozialistische Deutsche Arbeiterpartei
SPD	Sozialdemokratische Partei Deutschlands
SS	Schutzstaffel (der NSDAP)
SA	Sturmabteilung (der NSDAP)
SED	Sozialistische Einheitspartei Deutschlands
Sopade	Parteivorstand der SPD im Exil
Stasi	Ministerium für Staatssicherheit

Abbildungsverzeichnis

Umschlagportraits
vorn v. l. n. r.: Walter Rosenheim, Marta Husemann, Ernst Thälmann
hinten v. l. n. r.: Rudolf Hemprich, Arthur Wiesener, Kurt Mickel
innen v. l. n. r.: Reidar Bodin, Hans Meyer-Hanno, Gertrud Schreier

Bundesarchiv
Berlin-Lichterfelde, DO1/1720 S. 43
Berlin-Lichterfelde, R/58/3191 S. 92
Berlin-Lichterfelde, R/9361/III 569348 S. 53
Berlin-Lichterfelde, DO/1/ 13215 S. 116
Berlin-Lichterfelde, SMT-Karteikarte DO 1/92905 S. 117
Berlin-Lichterfelde, DO 1 13115 S. 148
Lastenausgleichsarchiv Bayreuth ZLA 2_20058286 S. 150
Koblenz, Bild 102-12940, Foto: Pahl, Georg, Januar 1932 S. 164

Entschädigungsbehörde des Landes Berlin
4398, Wilhelm Bruse, Reg. Nr. 600 747, Bl. 40, 44 S. 156
4398, Wilhelm Bruse, Reg. Nr. 600 747, Bl. 10 S. 157

Deutsches Historisches Museum, Berlin
Foto: Indra Desnica S. 23

Gedenkstätte Theresienstadt
PT 4862 S. 9
PT 3472 S. 25
PT 3009 S. 112/113

International Tracing Service, Bad Arolsen
Häftlingspersonalkarte KZ Buchenwald, Max Moritz Wenk, 1.1.5.3/7403082, ITS Digital S. 81

Landesarchiv Thüringen, Staatsarchiv Gotha
Gefängnis Eisenach, Nr. 312 S. 139
Gefängnis Eisenach, Nr. 312, Bl. 27 S. 141

Magazin Rozpravy Aventina
Band 6, 1930-1931, Nummer 9, Seite 10 S. 111

Sächsisches Staatsarchiv, Hauptstaatsarchiv Dresden
11018 Ministerium der Justiz, Nr. 1601 S. 6, 10, 28/29, 44–49
11018 Ministerium der Justiz, Nr. 1429 S. 37
19116, Justizverwaltung nach 1945, Karton 162, Otto, Wilhelm, Bl. 1 S. 40
19116, Justizverwaltung nach 1945, Karton 162, Otto, Wilhelm, Bl. 57 S. 41
10833 Gefangenenanstalten Bautzen, Nr. 7001 S. 63
10833 Gefangenenanstalten Bautzen, Nr. 7001, Bl. 68 S. 65
11430 Bezirkstag/Rat des Bezirkes Dresden, Nr. 2115, Bl. 5 a S. 75
11655 Elbtalwerk Elektrizitäts AG Heidenau/ VEB Elbtalwerk Heidenau, Nr. 1382 c, Bl. 22 b S. 91
11380 Landesregierung Sachsen, Ministerium der Justiz und Hauptabteilung Justiz beim Ministerpräsidenten, Nr. 2227, Bl. 3 S. 122
11380 Landesregierung Sachsen, Ministerium der Justiz und Hauptabteilung Justiz beim Ministerpräsidenten, Nr. 2227, Bl. 17 RS S. 123
19116 Justizverwaltung nach 1945, Karton 88, Personalakte Huste S. 132
19116 Justizverwaltung nach 1945, Karton 31, Personalakte Wolf, Bl. 18 S. 143
11830 Landes-Erfassungskontor Sachsen für Baubedarf der Besatzungsmacht, Dresden, Nr. 1481, Bl. 2 S. 144/145
19116 Justizverwaltung nach 1945, Karton 31, Personalakte Wolf, Bl. 1 S. 146
19116 Justizverwaltung nach 1945, Karton 31, Personalakte Wolf, Bl. 17 S. 147
KT/KR Bautzen, Nr. 657 S. 151
11430 Bezirkstag/Rat des Bezirkes Dresden, Nr. 9703, o. Bl. S. 153, 154, 155

Abbildungsverzeichnis

Sächsisches Staatsarchiv, Staatsarchiv Chemnitz

30071 Zuchthaus Zwickau, Nr. 5080, o. Bl. S. 77
30071 Zuchthaus Zwickau, Nr. 5080, Bl. 8 S. 78
30071 Zuchthaus Zwickau Nr. 12198, o. Bl. S. 101
30071 Zuchthaus Zwickau, Nr. 5399 S. 105
30071 Zuchthaus Zwickau, Nr. 5399, Bl. 91 S. 106

Sächsisches Staatsarchiv, Staatsarchiv Leipzig

20036 Zuchthaus Waldheim, Nr. 256, Bl. 83 S. 36
20036 Zuchthaus Waldheim, Nr. 10315, Bl. 25 S. 82
20034 Strafanstalt Leipzig-Kleinmeusdorf, Nr. 209, Bl. 37 S. 93
20031 Nr. PPS 4186, o. Bl. S. 95, 97
20031 Nr. PPS 4186, Bl. 61 S. 96
20035 Untersuchungshaftanstalten Leipzig, Nr. 261, Bl. 11 S. 124
20035 Untersuchungshaftanstalten Leipzig, Nr. 261, Bl. 3 S. 125
20035 Untersuchungshaftanstalten Leipzig, Nr. 261, Bl. 6 S. 126
20035 Untersuchungshaftanstalten Leipzig, Nr. 52, Bl. 8 S. 127
20035 Untersuchungshaftanstalten Leipzig, Nr. 52, Bl. 57 S. 128

Sächsisches Staatsarchiv, Staatsfilialarchiv Bautzen

50609 SKAW I-1/G S. 56/57
50071 Staatsanwaltschaft beim Landgericht Bautzen, Nr. 21, Bl. 12/4 S. 58
50071 Staatsanwaltschaft beim Landgericht Bautzen, Nr. 21, Bl. 12 S. 59
50071 Staatsanwaltschaft beim Landgericht Bautzen, Nr. 111, Bl. 19, S. 89

Sammlung Gedenkstätte Bautzen

Fotos Jürgen Matschie S. 26/27, 35, 37, 66, 67, 68, 70, 71, 87, 93, 115, 115, 131, 163, 166

Schwules Museum Berlin

Nachlass Andreas Meyer-Hanno, Nr. 229 S. 103, 135
Nachlass Andreas Meyer-Hanno, Nr. 238 S. 134

Sorbisches Kulturarchiv Bautzen

Nachlass Měrćin Nowak-Njechorński S. 54,
Serbske Nowiny Budyšin 1854–1937, Z 8'476 S. 55

Staatsbibliothek zu Berlin – Preußischer Kulturbesitz

Fc 4736/150 S. 19

Stadtarchiv Bautzen

R – 03/7 S. 16/17
R – 04/20 S. 20/21

Register

A

Anstaltsfürsorger S. 33
Anstaltsleitung S. 90, 101, 133
Antifaschismus S. 160, 165
Arrestzellen S. 114
Aufarbeitung S. 11, 137
Außenlager S. 11, 24, 85, 94, 95, 127

B

Bautzen S. 154, 159, 160, 162, 163, 166
Bautzen I S. 6, 8, 9, 10, 11, 12, 24, 25, 26, 42, 44, 51, 65, 74, 77, 78, 88, 90, 93, 98, 105, 106, 108, 115, 117, 119, 122, 123, 124, 125, 126, 127, 130, 134, 137, 139, 140, 141, 145, 149, 156, 160, 165
Bautzen II S. 7, 8, 11, 24, 40, 50, 51, 52, 83, 85, 89, 94, 102, 108, 111, 113, 120, 133, 137, 145, 146, 149, 160
Bernburg S. 65
Besatzungszone S. 142
Blockwart S. 40, 149
Bodin, Reidar S. 127, 128, 129
Breslau S. 105, 121
Bruse, Wilhelm S. 156, 157
Bundesentschädigungsgesetz S. 152

C

Clar, Alfred S. 124, 125, 126, 172, 174

D

DDR S. 7, 137, 138, 142, 152, 154, 160, 165
Domschke, Hildegard S. 146, 147

E

Ehrenpension S. 152, 153, 154, 172, 174
Eichinger, Robert S. 127, 129
Eisenach S. 138, 140, 141, 174
Entnazifizierung S. 122, 142, 146
Entschädigung S. 11, 137, 152, 156, 157, 175
Erinnerungskultur S. 165
Ermächtigungsgesetz S. 22

F

Förster, Walter S. 18
Förster, Wieland S. 159
Freiheitsentzug S. 11, 110
Frühen KZ S. 8
Fučik, Julius S. 11, 102, 160, 172, 175
Führerstaat S. 15

G

Gärtner, Hermann S. 116, 117, 173
Gefangenenhaus S. 50
Gefängnis S. 6, 7, 8, 10, 11, 12, 15, 24, 26, 33, 34, 39, 44, 50, 51, 52, 58, 61, 62, 65, 74, 76, 77, 78, 80, 85, 86, 90, 91, 92, 93, 94, 96, 99, 100, 105, 106, 108, 110, 111, 114, 115, 119, 120, 121, 122, 123, 124, 125, 127, 130, 134, 137, 141, 156, 160, 174
Gefängnisbeiräte S. 33
Gefängnisdirektor S. 8, 34, 39, 41, 1023, 117, 120, 122, 165
Gefängnispfarrer S. 42
Gefängnisseelsorger S. 42, 43
Gefängniswärter S. 114
Gesetz gegen die Neubildung von Parteien S. 58
Gesetz zum Schutz des deutschen Blutes und der deutschen Ehre S. 62
Gesetz zur Wiederherstellung des Beamtentums S. 34
Gestapo S. 65, 72, 74, 86, 88, 89, 92, 168
Gewohnheitsverbrecher S. 61, 80, 83
Gocht, Alfred S. 58, 173
Gottschling, Fritz S. 73, 74, 75, 173
Großenhain S. 121

H

Haftanstalten S. 7, 11, 24, 76, 80, 120, 121, 130, 137, 138
Hausordnung S. 114
Heidenau S. 90, 91, 93, 172
Heinze, Peter S. 77, 78, 173
Heinze, Rudolf S. 77
Hemprich, Rudolf S. 87, 88, 89, 173
Heuer, Gerhard S. 105, 106, 173

Register

Himmler, Heinrich S. 80, 108, 128
Hitler, Adolf S. 15, 17, 18, 19, 22, 55, 108, 165, 172
Hitlerjugend S. 119
Hoffmann, Rudolf S. 151, 174
Husemann, Marta S. 92, 93, 173
Husemann, Walter S. 93
Huste, Oskar S. 132, 133, 174

J
JVA Bautzen S. 37, 53, 160

K
Kämpfer gegen den Faschismus S. 152
Kattowitz S. 121
Kleinwelka S. 42
Kommunismus S. 165
Königswartha S. 11, 94, 95, 96
Konzentrationslager S. 7, 53, 65, 72, 74, 76, 80, 83
KPD S. 51, 52, 92, 165
Kriegswirtschaft S. 11, 85
Kruppa, Karl S. 122, 123, 174
Kupferhammer S. 8, 50, 51, 53, 90, 91, 92, 93, 149, 173
KZ Buchenwald S. 74, 81, 83, 165, 175
KZ Dachau S. 65
KZ Hohnstein S. 52

L
Leipzig S. 11, 39, 42, 65, 77, 96, 120, 122, 125, 126, 127, 128, 133, 138, 140, 141
Leipzig-Kleinmeusdorf S. 39, 92, 121, 122, 146
Luzerner Resolution S. 72, 74

M
Mammitzsch, Alfred S. 107, 108, 109, 173
Marešová, Milada S. 111, 113, 175
Martin, Karl S. 18
Meyer-Hanno, Hans S. 134, 135, 172, 174, 175
Mickel, Kurt S. 51, 52
Müller, Paul S. 139, 140, 141, 174
Mutschmann, Martin S. 21, 172

N
Neues Deutschland S. 166, 173
Neugersdorf S. 58
Neumann, Martin S. 54, 55, 172, 173
NS-Rechtswahrerbund S. 39
NSDAP S. 15, 18, 19, 34, 39, 62, 117, 122, 124, 133, 146, 149
Nürnberger Gesetze S. 62

O
Oberwachtmeister S. 52
Otto, Wilhelm S. 40, 41, 173

P
Paris S. 99
Plischke, Rudolf S. 8, 34, 39, 41, 103, 117, 120, 122
Plötzensee S. 7, 93, 102
Posen S. 121
Prag S. 7, 59, 65, 99, 111

R
Radebeul S. 120, 121, 122, 130, 134, 135
Rassenschänder S. 62
Reformstrafvollzug S. 8, 40
Reichelt, Alfred S. 98, 101, 175
Reichsbund Deutscher Beamter S. 39
Reichsführer SS S. 80, 108, 128
Reichsgesetzblatt S. 60, 67, 70
Reichsjustizminister S. 77, 80, 106
Reichsluftschutzbund S. 40
Reichstag S. 22
Reichstagsbrand-Verordnung S. 22
Reichstagswahlen S. 18
Rosenheim, Walter S. 63, 64, 65, 173
Roten Armee S. 11, 119, 121, 130

S
SA S. 8, 13, 18, 40, 50, 51, 52, 53, 58, 77, 88, 117, 149
Schäfer, Leopold S. 78
Schmoller, Erich S. 51, 53
Schneider, Hermann S. 148, 149, 150, 151, 174

Schreier, Gertrud S. 95, 96, 97, 173
Schutzhaft S. 8, 11, 18, 24, 33, 50, 51, 53, 54, 165
SED S. 92, 137, 154, 160, 162, 165, 166
Sicherungsverwahrung S. 11, 61, 80, 83
Sondergesetze S. 8, 61
Sonderstrafrecht S. 138
Sopade S. 99, 100, 115, 175
SPD S. 40, 58, 59, 99, 115, 156
Speziallager S. 11, 42, 137, 142, 142, 149, 159
SS S. 7, 39, 42, 74, 80, 104, 105, 108, 109, 127, 128, 165, 173
Stasi S. 160, 168
Stasi-Sonderhaftanstalt Bautzen II S. 160
Strafgefangenen-Außenlager S. 11, 85, 95
Strafgesetzbuch S. 25, 68, 76, 175
Strafvollzug S. 7, 8, 11, 33, 34, 36, 39, 40, 61, 85, 90, 100, 110, 114, 117, 122, 133, 141, 142, 146, 160
Strafvollzugsordnung S. 71
Strafvollzugspersonal S. 94

T

Thälmann, Ernst S. 137, 159, 160, 162, 163, 164, 165, 166, 172, 174, 175
Thierack, Otto S. 80
Todesstrafe S. 80

U

Untersuchungshaft S. 24, 33, 83
Untersuchungshaftanstalt S. 40, 106, 122, 127, 133, 146, 172, 174

V

Verfolgte des Faschismus S. 154, 155
Verordnung über außerordentliche Rundfunkmaßnahmen S. 86
Volksgemeinschaft S. 15, 61, 69
Volkspolizei S. 142, 147, 160
Volkssturm S. 119, 130, 133, 134

W

Wachtmeister S. 34, 40
Waldheim S. 83, 94, 95, 96, 112, 148, 149, 150, 154, 172
Wehrmacht S. 69, 78, 90, 94, 104, 105, 106, 115, 119, 121, 130, 175
Weimarer Republik S. 8, 15, 33, 39, 40
Wenk, Max S. 81, 83, 173
Westzonen S. 142
Wiedergutmachung S. 11, 137, 149, 152
Wiesner, Arthur S. 153, 154, 155, 172, 174

Z

Zschoche, Richard S. 96, 173
Zuchthaus S. 7, 50, 62, 76, 83, 86, 88, 94, 95, 96, 106, 112, 148, 149, 154, 172, 173, 175

Gefördert aus Mitteln
des Sächsischen Staatsministeriums
für Wissenschaft und Kunst und
der Beauftragten der Bundesregierung
für Kultur und Medien

Stiftung
Sächsische Gedenkstätten
zur Erinnerung an die Opfer
politischer Gewaltherrschaft
Dülferstraße 1
01069 Dresden
Telefon (0351) 469 55 40
Telefax (0351) 469 55 41
E-Mail info@stsg.de
www.stsg.de

Gedenkstätte Bautzen
Weigangstraße 8
02625 Bautzen
Telefon (03591) 404 74
E-Mail info.bautzen@stsg.de
www.gedenkstaette-bautzen.de

1. Auflage 2018

Text:
Susanne Hattig, Silke Klewin,
Jan-Henrik Peters, Ralf Marten,
Sven Riesel, Volker Strähle
Gedenkstätte Bautzen

Gestaltung:
Michaela Klaus
Sandstein Verlag

Satz und Reprografie:
Katharina Stark, Jana Neumann
Sandstein Verlag

Druck und Verarbeitung:
FINIDR, s.r.o. Český Těšín

www.sandstein-verlag.de
ISBN 978-3-95498-440-4